Molte persone pensano che il successo abbia a che fare con la felicità. Un'istanza superiore che ti permette di avere successo. E' una stronzata! Il successo non è basato sulla fortuna e certamente non sul caso. E' duro lavoro, disciplina e volontà. Tutto il resto sono scuse patetiche. Puoi avere il successo che vuoi. Tutto cio' che devi fare e' essere pronto a dare il massimo.

Naturalmente questo è in parte molto scomodo e anche non molto facile. Ma non vale la pena di lottare per i tuoi sogni e i tuoi obiettivi? Non ne vale la pena? Per te? Per la tua famiglia? Per i tuoi amici? Volete prolungare il venerdì per tutta la vita il lunedì e avere paura del lunedì di nuovo il sabato? E questo fino ai 70 anni?

Oh, no! Oh, no! Oh, no! Questa vita ha molto di più da offrire. Devi solo prendere quello che vuoi. E se questo è successo, libertà e indipendenza, allora devi essere disposto a fare almeno un po' di più per questo.

Se si seguono alcune regole di base e si costruiscono solide fondamenta, si arriva esattamente dove si sogna.

Cosa, perche' e come e perche' dovresti iniziare? Risolveremo la faccenda ora!

Nota: Di tanto in tanto vi chiederò di prendere appunti e vi chiederò di scriverlo in questo libro nel luogo previsto. Se stai leggendo questo eBook su un dispositivo dove non puoi prendere appunti, prendi un foglio di carta e scrivi le cose. Si prega di notare anche il contesto in cui si dovrebbero scrivere queste note.

AGENDA

SU DI TE STESSO

Prima di iniziare 8

La partenza lenta a freddo 9

Il prerequisito di base 13

Sull'arte di fare le tue cose 13

Che persona sei? 14

Sei nella media e questo fa schifo! 16

Tu sei quello che fai! 18

Non ti stai evolvendo 19

Sii sincero con te stesso, cazzo! 21

Prima che qualcosa cambi, devi cambiare qualcosa! 22

Fai quello che ami o ami quello che fai 23

E se.....? 25

La differenza tra prezzo e valore 26

Qual è il presupposto assolutamente più importante per diventare finanziariamente liberi? 28

Il fattore tempo 31

Risultati diretti dei processi 33

Esiste una cosa come la fortuna? 34

Diligenza o talento? Cosa vince? 38

cogliere le opportunità 41

I problemi sono sfide 45

Principio di Pareto 47

Ma almeno voglio il successo? Il successo è solitario 48

Sii felice quando sei solo 52

Meglio decidere in modo intelligente che guidare in modo intelligente 55

Così non fallirai mai più! 56

Come scegliere i tuoi obiettivi 57

Come scegliere i propri obiettivi? 59

Che diavolo sono finalmente questi obiettivi REALI? 65

Come programmare se stessi per obiettivi REALI 67

Riprogrammare il tuo subconscio 69

Perché è così importante programmare il proprio subconscio verso i propri obiettivi? 70

condizionamento 73

Trovati un mentore 76

Cosa sono le sconfitte e come le affronti? 78

Assumersi la responsabilità 79

Tieni un diario 83

Le abitudini di chi ha avuto successo 84

Qual e' il tuo problema piu' grande? 91

La pianificazione è tutto 92

compiti del partner 97

Il momento perfetto 98

Un consiglio per il vostro successo 100

Le vostre finanze

Perché i soldi valgono più del tuo tempo 101

Come si ottengono i soldi? 102

Perche' pensi che i soldi non ti rendano felice. 103

Cosa possono fare i soldi per te? 106

Perché i soldi sono maldestri 106

Perché hai fatto male i tuoi soldi 107

Costruire ricchezza con un misero salario mensile 110

I debiti dei consumatori non sono debiti onorari! 111

Quali sono le fonti di reddito e quali hanno senso per te? 115

La tua situazione e il motivo per cui al momento hai troppo pochi soldi 117

Passo dopo passo verso la consapevolezza finanziaria 117

Cosa ti dice questa lista? 118

Che cosa dicono le vostre spese su di voi e sul vostro comportamento dei consumatori? 121

Cosa significa essere ricchi in realtà? 122

Come puoi fare soldi? 125

Perché a tutti piace questo reddito passivo 132

Quali sono le fonti passive di reddito adeguate? 134

Il denaro è il male 135

Imparare a gestire il denaro 136

Cosa fare con i soldi risparmiati? 136

Come gestisci i soldi in modo sensato? 137

Cosa puoi fare con i tuoi soldi? 138

Investire denaro in attività a rischio 141

Che altro puoi fare con i tuoi risparmi?..142

metalli preziosi 143

Fatti un piano annuale..144

Cosa sto cercando di dirti? A cosa serve l'hocus-pocus?...147

Che senso ha tutto questo?..149

Su di me personalmente

Chi sono e perché voglio dirti una cosa..151

E' solo che non ne ho piu' voglia. Basta con questa vita media. Non c'è più motivazione a trascinarmi al lavoro ogni giorno per guadagnare soldi che saranno comunque consumati da tutte le mie bollette. Dove andrò a parlarne? Dov'e' la mia famiglia in questa vita? Non ho più voglia di correre e correre e correre e correre e correre e correre con questa moto da criceto, ma non ho ancora fatto un centimetro di progressi. Devo cambiare qualcosa. Cambierò qualcosa! La vita ha piu' da offrirmi che lavorare e aspettare ogni lunedi' per il fottuto venerdi'. Sono stanco. Sono stanco. Sono stanco. Sono stanco della mia vita. Ed e' per questo che ora lo cambiero'. Oggi, proprio qui ed ora, cambierò la mia vita!

Ci sono due tipi di persone in questo mondo. Alcuni che si lamentano e altri che lo fanno. Hai comprato questo libro. Questo fa di te un esecutore? Non ancora, ma stai gettando le fondamenta. Leggere questo libro ti rende un esecutore? Chiaramente, se si gioca secondo le regole e si gioca secondo le regole, sì, chiaramente. Se si gioca insieme, si noteranno già notevoli cambiamenti durante la lettura. Alcune cose si possono e si devono attuare immediatamente, altre cose si devono iniziare oggi, in modo che diano i loro frutti domani. Il mio obiettivo non è trascinarti qui con superficialità attraverso più di 100 pagine. Il mio obiettivo è quello di darvi istruzioni concrete e pratiche in modo che possiate cambiare la vostra vita oggi. Vi dirò anche perché dovreste accettare questi consigli e cosa vi porta, qual è il significato e dove tutto questo dovrebbe portare.

Non importa in quale situazione ti trovi in questo momento. Non importa da dove venite, posso aiutarvi e vi aiuterò. Che ti succede? Perche' sto tornando a qualcosa in cui tutti sono uguali. Se ricco, se povero, se povero, se grasso, se magro. Uno strumento che vi aiuterà a cambiare la vostra vita è a vostra disposizione proprio come qualsiasi altra persona al mondo.

-Alcune persone hanno piu' di qualcosa, altre hanno meno. Tuttavia, c'è una cosa che abbiamo tutti la stessa cosa. E questo è il momento giusto. Tutti hanno esattamente 24 ore al giorno per fare la differenza. Le persone di maggior successo nel mondo hanno 24 ore, 1440 minuti, 86 400 secondi come te. L'importante è quello che ci si fa con esso. -

Voglio mostrarvi in questo libro come riuscite a cambiare vita all'improvviso. E nel positivo. Ci vuole solo capire perché devi cambiare qualcosa. Me ne assicurero' io. In seguito vorrei darvi alcuni consigli concreti su come farlo. Non voglio niente di meno che renderti la persona piu' felice del mondo. Vediamo se funziona.

Questo libro è diviso in tre parti: Nella prima parte vorrei aiutarvi a tagliare voi stessi e la vostra personalità per il successo e la prosperità e come creare il miglior punto di partenza possibile per il vostro successo. La seconda parte riguarda come si diventa finanziariamente liberi. Con raccomandazioni concrete e una descrizione dettagliata! In terzo luogo, vi dirò chi sono e perché mi permetto di darvi consigli.

Allora, andiamo!

Su di te

Prima di iniziare

Fin dall'inizio, voglio fare un accordo con te! Hai investito qualche euro in questo libro. Quindi probabilmente vi aspettate, e a ragione, di ottenere un ritorno sugli investimenti. Ne vuoi un po' di questo. Allora, cosa otterrai per i tuoi soldi da me?

Dopo aver letto questo libro, avrete una strategia chiara e un piano strutturato su come fare enormi progressi finanziari e diventare indipendenti in un breve periodo di tempo. E soprattutto felice! Se sei ancora convinto che molti soldi non ti rendono felice, devo deluderti: Ti rende felice. Ti rendera' molto piu' felice di quanto tu possa pensare. Che ti succede? Te lo spiegherò più tardi. Inoltre, affronterò con te alcune cose che ti renderanno davvero di successo. Non solo un po', ma in realtà. Vi spiegherò ciò che è importante per voi, perché è importante e, infine, come affrontarlo. Hai letto bene: Ti darò consigli concreti! Suggerimenti per iniziare subito. Ho anche bisogno che tu faccia progressi diretti.

Questo è il primo passo. E secondo passo: quando si noterà tutto questo? Quando sarà in grado di vedere i risultati? Ecco che arriva l'accordo!

Scommetto che se fai progressi di qualche pagina con questo libro, oggi vedrai i risultati. Poi, tra una o due settimane, se per allora hai letto il libro. Poi hai già visualizzato alcune cose, le hai scritte, le hai riassunte e hai creato un piano. Tutto ciò che è già stato creato psicologicamente e fisicamente. Tra un mese inizierete i vostri primi progetti. Deve esserlo, altrimenti non rispetterai le regole e l'accordo. E in un anno? Avrai successo in un anno! Attendo con ansia il vostro messaggio in un anno in cui possiamo guardare indietro a questo momento qui e celebrarlo insieme.

Questo e' l'accordo dalla mia parte. Ti daro' un po' di input. Molto costruttivo e pratico. Ma anche qualcosa di teorico. Quelle storie mentali...... Forse non riesci piu' a sentirle o a leggerle. Penso che qui sarà diverso. E' applicato in modo diverso e tradotto in conoscenze pratiche e non solo gibberish superficiali. Allora, hai accettato la mia parte dell'accordo? Fantastico! Allora iniziamo e non perdete tempo!

Qual e' la tua parte in questo accordo? Beh, devi collaborare. Il libro diventa scomodo, così scomodo che vuoi demonizzarlo parzialmente. Ma ti rendi conto che in qualche modo ha senso e vuoi andare avanti. Continua perché ti fa appello su qualcosa di cui sei convinto che sia effettivamente giusto parlare. E tu continua ad andare avanti finche' non crei qualcosa. E non puoi davvero combatterlo. E poi cosa? Allora hai avuto successo all'improvviso?! E' cosi' che stanno le cose! Quindi la tua parte in questo accordo e' andare avanti, fare le cose che ti chiedo di fare. Hai già investito in questo libro una volta, quindi ora puoi farlo correttamente.

La partenza lenta a freddo

Quindi ora date a questo libro un po' del vostro tempo prezioso e proviamoci. Tranne che per il tempo, non hai molto da perdere. Forse rischiate il vostro stato medio, la vostra ruota del criceto spesso citata, i vostri pregiudizi e la vostra zona di comfort. Cosa puoi vincere? La contentezza, la prosperità, la salute e così via e così via..... la felicità.

Ho già detto che sono convinto che la prosperità finanziaria è un fattore importante per creare la vostra "felicità". Perché i soldi dovrebbero renderti felice? Semplicemente perché rende tutto il resto possibile per voi per essere felici.

Se avessi abbastanza soldi, non avresti bisogno di fare il tuo lavoro da 9 a 5 volte, figuriamoci sei volte alla settimana, anche se non lo vuoi davvero fare. Ti piace il lavoro che hai trovato? Se siete completamente assorbiti in essa e potete vivere tutto ciò che è importante per voi, se potete svilupparvi e dispiegare la vostra personalità completa, allora siete un'eccezione assoluta. Poi hai trovato la vocazione giusta per te stesso. Allora sei tra il 5% di quelli che fanno davvero quello che vogliono. Questo libro vi darà qualche altro punto di vista. Piuttosto come catalizzatore di successo, felicità e soddisfazione. Ma probabilmente non conti come una di quelle persone, come fa la maggior parte dell'umanità là fuori. Dal momento che altrimenti difficilmente avresti considerato la possibilità di leggere questo libro, penso che tu sia pronto a volere un cambiamento.

Così si appartiene a circa il 95% di coloro che sono intrappolati nella ruota del criceto. Da cinque a sei giorni alla settimana per guadagnarsi il pane quotidiano, per coprire le proprie responsabilità, per assicurarsi il cibo per la famiglia sul tavolo, per pagare le bollette del telefono cellulare e così via. E magari andare in vacanza 1-2 volte all'anno al massimo, se non proprio. Naturalmente all'ultimo minuto, poiché è qui che si trova il maggiore potenziale di risparmio.

E' questa la tua fortuna? Questa vita, questo stato in cui ti trovi, la tua prospettiva dei prossimi 10 anni, per non parlare di 20 o 30 anni, ti rende felice? Se no, continuate a leggere! Se avessi più soldi, non dovresti rimanere nella ruota del criceto, ma potresti passare il tuo tempo in modo diverso. Trascorrere del tempo con le cose che sono davvero importanti per te, cose che ti porteranno più lontano, la tua famiglia e i tuoi amici. O altre persone. Avresti anche il potenziale per migliorare la situazione di altre persone al di là della tua situazione. Questo ti renderebbe felice? O almeno piu' felice di finanziare il tuo soggiorno nella ruota del criceto? I soldi ti rendono un po' più felice, dopotutto. Almeno perche' ti da' piu' prospettiva.

I soldi di solito arrivano solo con il duro lavoro. Il duro lavoro costa molto tempo a molte persone, a volte contatti sociali (dove ci si deve chiedere se questi contatti erano davvero importanti) e batte alla salute. Lavorare fino a tarda notte e alzarsi presto ti fa ammalare (almeno la maggior parte delle persone lo pensa). Probabilmente anche vero, ma solo se si percorre una strada molto illogica e si esegue questa procedura per mesi. Perche' non scegli un modo piu' intelligente che ti spingera' avanti? Nel corso di questo libro, vi dirò come trovare questa strada. Specialmente per voi e perfettamente adattato. Ti rende più sano se fai il tuo lavoro da 9 a 5, non hai energia per cucinare dopo il lavoro, succhi in qualche roba malsana e sei troppo stanco e depresso per andare a fare sport, ad esempio? Forse non funziona nemmeno perché è l'unico tempo che puoi passare con la tua famiglia che non hai visto tutto il giorno. Forse questo ti rende un po' triste da qualche parte, ti appesantisce.....ma non hai anche il tempo di trovare un equilibrio nella tua vita quotidiana. Probabilmente fa male anche alla salute. Ma c'è ancora la domenica che puoi usare per ricreazione. Sinceramente..... Quanto recuperi di domenica? Domani è di nuovo il fottuto lunedì....

C'e' un bel detto che non voglio tenerti nascosto qui:

Il lunedi' non fa schifo. O il tuo lavoro, o il tuo atteggiamento nei suoi confronti.

Ora immaginate, ora è davvero qualcosa. E tu vuoi prenderti più cura di te stesso in futuro. Quindi decidete di approfittare di alcune offerte di screening medico. Purtroppo, alcuni servizi sanitari costano anche denaro. In parte non esattamente poco, non importa dove nel mondo. Avete i soldi per scegliere tutti gli esami e i servizi sanitari individuali che vi farebbero bene o che desiderate? Altrimenti, ecco un altro motivo per continuare a leggere.

Un altro punto: che dire della sua situazione nella sua professione? Sei tu che prendi le decisioni? Potete integrare le vostre idee e decisioni nei processi che desiderate? O le tue mani sono più o meno legate? L'unica cosa che rimane per te è che a volte puoi arrabbiarti per le decisioni altrui, ma non puoi influenzarle tu stesso o non puoi influenzarle abbastanza. E' vero? Colleghi di lavoro, capi, clienti o dipendenti...... Come si presenta la cooperazione? In altre parole: la tua professione ti limita o riesci a esprimere tutto il tuo potenziale? Tutte le persone con cui sei in contatto professionale: ti supportano nello sviluppo della tua personalità? Cosa spera di ottenere dal suo lavoro? E quali effetti ha il suo lavoro, le sue possibilità professionali e le sue prospettive sulla sua vita privata?

Riesci a separare il lavoro e la vita privata? Sei equilibrato e felice dopo la tua giornata di lavoro e puoi davvero goderti il tempo libero? E se avessi un lavoro in cui potessi davvero alzarti, divertirti e creare qualcosa di vero? Sembra piu' una favola, vero? Quale sarebbe per te un'opportunita' del genere? E lavoreresti anche solo se non dovessi farlo? O forse inizieresti progetti diversi, che certamente richiedono un po' di tempo e di lavoro, ma che ti soddisfano completamente e forse forniscono ad altre persone un valore aggiunto ancora maggiore rispetto al tuo lavoro attuale? Pensi che molto cambierebbe allora? In caso affermativo, si prega di continuare a leggere.....

Questi sono solo alcuni esempi della situazione in cui ti trovi in questo momento e del perché sei legato in un certo modo. E' il tuo lavoro che ti porta via una quantità incredibile di tempo e nervi. E perché fai cose che ti costano la forza e non ti rendono felice e contento? Probabilmente per i soldi. Quindi il fattore denaro è un punto che può renderti più felice perché ti dà opportunità completamente diverse. I soldi in se stessi non possono nemmeno renderti felice e libero. Ma le cose che possono essere rese possibili in cambio di denaro lo fanno. Non le monete di carta pura o di rame ti rendono felice alla loro vista, ma quello che vedi dietro di loro, quali possibilità si nascondono dietro di loro, quali opportunità ti offrono. Nessuno dice che hai bisogno di una Lamborghini per essere felice. Ma viaggiare, vedere luoghi diversi, conoscere culture diverse, dare sicurezza alla propria famiglia, essere liberi, che può farti felice. O il sostegno delle persone bisognose ti rende felice. Nella maggior parte dei casi, anche questo costa denaro.

Vedi, i soldi in se stessi non ti rendono felice. Lo vedo. Ma ti permette di avere le cose che possono renderti felice. Ne sono convinto per il seguente motivo:

Vengo da una famiglia molto concreta. Il denaro è sempre stato un problema per noi. Abbiamo dovuto vendere i cimeli, la cosa di maggior valore finanziario che avevamo nelle nostre quattro mura, per finanziare il nostro cibo quotidiano. Vestiti nuovi, gite in classe, libri scolastici, ecc. ci hanno sempre presentato nuove sfide. Non potremmo mai pensare al lusso perché non potremmo nemmeno assicurare le necessità di sopravvivenza per un certo tempo. Abbiamo imparato cosa sono i tempi finanziariamente difficili. Non eravamo felici, ma ci siamo adattati e abbiamo potuto conviverci. Mi sono dovuto confrontare fin da piccolo con il fatto che il denaro era sempre il fattore limitante per essere veramente felice, per esempio, senza preoccupazioni.

Ora? Ora? Ora? Ora sono più avanti. Sono grato di avere tutti i mezzi finanziari per potermi permettere ciò che mi rende davvero felice. Ed e' quello che sto trasferendo alla mia famiglia. E' cosi' che io chiamo fortuna. Non perché è venuto per caso, ma perché è stato lavorato sodo. Difficile nel senso che non è arrivata da sola e si sono dovute prendere decisioni scomode. Difficile, perché ho avuto a che fare con me stesso, il mio ambiente e la mia decisione. E' dura, perche' non tutti lo fanno, e non ci si lascia trascinare. Non capisco perche' e' cosi' gravemente contaminata. Per me la forma breve di un'affermazione è difficile: H-a-r-t = impegnativo, ma che fa bene.

Per me, non significa nient'altro che: A volte scomoda, ma alla fine esattamente la soluzione migliore per me. Pertanto, queste decisioni scomode valgono la pena. Pensate a quali situazioni dovete affrontare le sfide, quali decisioni sono difficili. Cosa vuoi che sia?

Se prendiamo una visione più distanziata dell'intero concetto di successo, possiamo vedere: Ci sono molte persone che stanno molto meglio di te. Molti hanno combattuto duramente per il loro destino, molti sono stati resi un po' più facili. Ma ci sono anche molte persone che stanno molto peggio di te. Penso che dovremmo esserne consapevoli. Ma non è questo il motivo per cui non dovremmo sforzarci di raggiungere i nostri obiettivi. Non è un buon motivo per dare via il potenziale e lasciare che le nostre vite ci passino davanti a noi. La cosa più grande che ti fa apprezzare la tua situazione e tuttavia dovrebbe darti la necessità di fare di più della tua vita è la gratitudine. Grazie per le opportunità che avete. La gratitudine ti fa apprezzare la tua vita e ti motiva comunque a fare di più, anche per chi sta peggio. Fai in modo che sia affare tuo dar loro una vita migliore.

Inoltre, la sofferenza non deve mai essere superata da altre sofferenze. Neanche questo libro tratta di questo. Voglio che tu sia grato per quello che hai. Ma mi interessano di piu' le opportunita' che hai per migliorare la tua vita. Nessuno dice che con la tua ricchezza dovresti possedere solo orologi di lusso e auto sportive. Si possono fare grandi cose con i soldi e aiutare così tante persone in questo mondo. L'unica cosa importante è aprirsi a questo e non chiudersi. Con il successo e la prosperità si possono ottenere grandi cose, lasciatevi dire questo.

Sarò molto sincero e onesto con te d'ora in poi. In parte provocatorio per ottenere alcune cose da voi e cercare di visualizzarle. Voglio che ne parliamo apertamente, anche se spiacevole, anche se doloroso: non aiuta, perché altrimenti non sarete mai pronti a cambiare nulla. Finora non hai cambiato nulla. Per questo motivo dovreste fare questo come motivazione per fare il primo passo. Ed e' quello che dovresti fare, qui e ora.

Il prerequisito di base

La prima e più importante cosa di cui dobbiamo parlare è la tua coscienza. È di enorme importanza per voi che creiate una coscienza per voi stessi o affinate ulteriormente il vostro presente. Una coscienza per le cose che fai e anche per quelle che non fai. Sei d'accordo con me che non puoi cambiare nulla se non sai cosa cambiare? Prima rispondiamo alla domanda "cosa", poi al "perché" e poi al "come".

È necessario creare una consapevolezza di dove ti trovi e dove vuoi andare. Devi essere consapevole di ciò che stai facendo che ti porta avanti e di ciò che ti sta gettando indietro. È inoltre necessario creare una consapevolezza di ciò che è necessario fare e di come farlo per andare avanti. Si tratta di creare quel tipo di consapevolezza. E non è facile sviluppare questa coscienza, perché nel corso della tua vita ne hai già acquisita una, che purtroppo ti ha solo aiutato ad entrare nella tua situazione attuale. Va bene, ma ora dovremmo fare in modo che tu crei una nuova coscienza o affini ulteriormente la tua coscienza precedente. Che ti succede? In modo che tu riconosca le opportunità, dove hai visto solo rischi prima, in modo da considerare possibilità che non hai mai visto prima, e in modo da accettare le sfide, dove si affrontano i problemi prima.

Alcune delle cose di cui parleremo potrebbero sembrarvi strane, altre addirittura astratte. La tua nuova coscienza è aperta. Quindi non spegnerti da loro una volta che ti sembrano scomode o incomprensibili. Sembrano così perché ti danno nuove prospettive. Ed e' questo che ti serve per fare davvero la differenza.

Così la vostra coscienza vede molte più possibilità nel futuro di quante ne abbiate fatto finora. Che senso ha? Ti aiutera' a fare veri progressi nella tua vita. Una possibilità è il trampolino di lancio ad una nuova altezza, in cui è possibile spostarsi. La nuova altitudine, a sua volta, offre nuove opportunità per voi, dandovi la possibilità di fare grandi progressi. E ad ogni nuova altezza arriva una vita migliore e più felice.

Sull'arte di fare le tue cose

Puoi dire che stai facendo le tue cose? Sei convinto di essere esattamente la versione di te stesso che vuoi essere? Ne dubito, almeno in questo momento. Che ti succede? Perche' probabilmente sei troppo dipendente da questo. Se sei dipendente da altre persone, sia che si tratti del tuo datore di lavoro, anche del tuo partner, o di qualsiasi altra gerarchia e struttura, allora di sicuro non stai facendo le tue cose. Questo non vuol dire che sia brutto o che tu stia commettendo un errore fatale. Penso, tuttavia, che in alcuni settori si potrebbe ottenere di più da se stessi. Non credo che tu sia la versione migliore di te stesso in questo momento. Ed è esattamente quello che sto cercando di cambiare con questo libro. E sono sicuro di poterlo fare anch'io.

Avere successo nella vita significa qualcosa di diverso per tutti. "Avere successo" è l'affermazione più inflazionistica, che è specifica come un albero nella foresta. Cosa significa per te avere successo? Sicuramente ora possiamo filosofare su questo argomento qui, e vi aiuterò in un secondo momento a trovare una definizione per voi, ma prima di tutto significa quanto segue: Avere successo è tutta l'arte di fare le proprie cose. E' vero? Per fare quello che ti riempie, quello che ti rende felice. Per fare quello che vuoi dalla vita. Ed è importante fare ciò che ti ispira e per cui vivi. E ci sono sempre modi e mezzi per raggiungere questo obiettivo. Sicuramente non è facile perché è anche un processo. Un processo che mantiene ancora in parte i suoi risultati sotto chiave fino a quando, alla fine, rivela tutto il suo splendore. Questo richiede disciplina e resistenza. Tuttavia, non ho ancora incontrato nessuno che abbia detto che la disciplina, la volontà, la perseveranza e l'entusiasmo non hanno dato i loro frutti. Ecco perche' voglio avvicinarti e aiutarti a fare le tue cose. E ce la farai. Te lo prometto.

Fai quello che vuoi fare, fai quello che vuoi fare. Ne beneficeranno anche le altre persone, perché ne beneficeranno sempre quando una persona è assorbita da ciò che sta facendo. Genererà così tanta energia e valore aggiunto che può spazzare via altre persone. Non credo che non dobbiamo parlare della sua intenzione di farlo, ma piuttosto di come si può ottenere questo risultato. E questa è esattamente la mia motivazione. Per aiutarti a fare le tue cose. Questa è la motivazione per scrivere questo libro. Non ricevere gli 1,50 euro che mi vanno quando compro questo libro. Mi compro un pacchetto di farina d'avena. Ho trovato l'arte di fare le mie cose. E il mio compito è cercarla con te, così puoi fare quello che devi fare. Avere successo significa appagamento. Soddisfare i vostri bisogni, soddisfare i vostri desideri. Cosa ti piace?

Che persona sei?

Conoscete il detto: "Chi combatte può perdere. Se non combatti, hai già perso". Non credo sia possibile che tu non conosca l'incantesimo. E forse e' gia' stanco di te. Ma pensi che sia vero? Ho una confessione da fare: Non importa quello che pensi, quell'incantesimo è vero! Se si partecipa ad un concorso e non compare il giorno della competizione, si perde automaticamente. Questo non è solo il caso delle competizioni, ma praticamente ovunque nel mondo in quasi tutte le questioni. Ma non vogliamo trasferire questo fatto alla vita. E' troppo astratto. Quella dichiarazione non conta qui. Sì, è vero!

Anche questa affermazione conta qui! E molto di più! Che succede se non combatti? Niente! Non sta succedendo niente. La tua vita cambiera' il comando zero, comando zero. Rimane al 100 percento cosi' com'e'. Non farai ulteriori esperienze, non avrai nuove opportunità, non conoscerai persone che ti arricchiscono. Cambia puramente GARNICHTS!

Cosa succede quando si inizia a combattere, dopotutto? O anche solo per iniziare? Qual e' la cosa peggiore che puo' succedere? Molto semplice: nel peggiore dei casi non cambia nulla. Nel peggiore dei casi, sei di nuovo dove sei adesso. Forse avete fatto qualche contatto prezioso, acquisito qualche esperienza elementare o preso d'assalto nuove opportunità. Ma lo scenario peggiore, quando si inizia a fare trading, è lo scenario in cui si esce dal fare niente al meglio: E' il tuo punto di partenza.

E non cominciare a dire: nel peggiore dei casi, sarete bloccati su contratti, costi o simili. Quei giorni sono finiti. Nell'era dell'informazione, dove è possibile accedere e costruire tutto nel mondo con Internet e la tecnologia, non hai costi che inizialmente devi spendere per guadagnare qualche euro. Se dubitate intuitivamente di questo, vi chiedo se l'avete già ampiamente trattato e su cosa si basa la vostra intuizione. Se sei davvero intelligente, vedrai che puoi creare il tuo sito web, e-mail, colloqui con i clienti, ecc. completamente gratis: Se non lo fai, allora o hai fatto un cattivo lavoro di ricerca o ti sei impantanato. Certo, forse ti costerà 10 euro. E' tutto vero.

Un buon consiglio che vorrei darvi qui è un modo di pensare che ho fatto il mio atteggiamento verso la vita:

"Fai sempre quello che consiglieresti ai tuoi migliori amici."

Che ti succede? Perché sei convinto che sia buono, altrimenti lo diresti ai tuoi migliori amici, vero? Un amico ha ricevuto un'offerta per approfittare di una grande opportunità all'estero, ma ha paura di rinunciare alla sua vita in Germania. Cosa le consiglieresti? Certo, dovrebbe considerare bene l'intera faccenda, ma alla fine.....? E se fosse una grande occasione? Se è proprio questo che lo rende felice? Diceva: "Fallo! Devi farlo! "Fai cio' che ti rende felice." Probabilmente inseguirebbe una saggezza intelligente: "Non ti penti mai di quelle cose della vita che non hanno funzionato in modo ottimale. Ti penti dei rischi che non hai corso". Forse salterai anche quella linea. Ma tu avresti reagito in un modo o nell'altro, vero?

Ma vorresti correre il rischio anche tu? Lo percepiresti anche se ti sentissi a disagio? Gli esempi sono innumerevoli, ma una sola soluzione! Faresti da solo quello che consiglieresti ai tuoi migliori amici? Non penso che sia sbagliato raccomandare e affermare le decisioni, penso che sia sbagliato non notarle!

In ogni situazione in cui ti trovi di fronte a una decisione, pensa a cosa consiglieresti al tuo migliore amico e fai lo stesso! Altrimenti, non sei fedele a te stesso. Fai anche quello che ritieni sia giusto!

Sei nella media e questo fa schifo!

Molti di noi vivono secondo il principio della BNA: non attirare l'attenzione! Non importa quello che facciamo, non vogliamo attirare l'attenzione. Non deviare né positivamente né negativamente. Nuota con la corrente. L'esperienza più evidente che ho avuto a questo proposito è stata proprio durante il mio periodo di formazione, che ho vissuto durante i miei studi duale. I miei colleghi erano orgogliosi di non attirare l'attenzione. E' stato il suo consiglio piu' importante per me nella mia carriera. Senza sapere molto sul mondo del lavoro, per me aveva senso quello che volevano dirmi, e ne ho tratto una conclusione: "Sicuramente non avranno ragione! Non l'ho detto ad alta voce, ma mi è semplicemente saltato in testa quando ho ricevuto questi consigli per non attirare l'attenzione! Perché non dovrei farmi notare e farmi notare? Deviazione negativa? Certo, è imbarazzante. Allora faresti meglio a non farti notare. Deviazione positiva? Cosa c'è di sbagliato? Per me, c'è solo una cosa: l'invidia e l'odio degli altri colleghi che non lo vogliono. Perché non lo fanno? Perché dà loro l'opportunità di non attirare l'attenzione con la minima quantità di lavoro che fanno, perché tutti vengono coinvolti in questo percorso. Non appena uno o pochi cominciano a fare più lavoro nello stesso tempo o a creare lavoro migliore nello stesso tempo, cominciano ad attirare l'attenzione, e questo in modo piuttosto negativo. Volevano mantenere la media in modo che l'immagine fosse uniforme e nessuno si distinguesse chi lavorava con scarso entusiasmo, faceva poco lavoro, era insoddisfatto..... Così potevano sempre stare nella loro comodità e non venivano avvicinati. E questa e' praticamente la cosa peggiore che puo' succedere a te: Trovare vie d'uscita, trovare scuse, lasciare che il comfort determini la tua vita. E se anche qualcuno osa parlarne con voi o farvi sentire tutta la cosa......

Quindi il motto è: se tutti lo fanno in questo modo, allora non attirerà l'attenzione. Così tutti possono rimanere nella loro zona di comfort e sperare che sia presto il fine settimana.

Questo atteggiamento mi puzzava incredibilmente. Volevo distinguermi. Non perché sono super grande o perché ho un disturbo cospicuo, ma perché non volevo vivere l'atteggiamento e la vita che vivevano i miei colleghi. Quindi sapevo che dovevo fare qualcosa di diverso,

deve fare qualcosa di meglio nel migliore dei casi, o deve semplicemente fare di più per distinguersi. Ed e' stato allora che ho capito una cosa: Non devi essere il migliore in tutto. Devi solo deviare in modo minimamente positivo. Basta cosi'. E questo si può ottenere con uno sforzo relativamente poco, perché la media è relativamente bassa. Così è stato chiaro: un'ora di lavoro in più, un altro esperimento in laboratorio, una valutazione più precisa..... Questo è sufficiente per fare un'impressione positiva.

Non sono le persone che si distinguono positivamente che sono stupide. Sono le opinioni che la media si forma al riguardo. La media si sente tradito quando qualcuno fa di più o mostra più impegno. Ma la media vive anche la vita media di cui tutti si lamentano. La persona media si tortura per lavorare il lunedì e piange di gioia quando è venerdì, e poi ha di nuovo paura del lunedì. La persona media lavora tutta la vita per comprare cose, per le quali poi deve lavorare per tutta la vita. La media è così incredibilmente saldamente ancorata in questa ruota per criceti. Alla media non piacciono le deviazioni. Alla media non piaci alla gente comune. Nessun problema, non ti piace neanche a te! Inoltre, non vuoi una vita normale. Quando si tratta di questo, si dovrebbe sempre fare l'esatto contrario di quello che fa la media.

Ho anche dato più della media di allora. Sapevo che questa era l'unica ragione per cui sono arrivato a questa posizione. Con un'applicazione media, un'intervista media e un test di valutazione media, probabilmente non sarei stato accettato nel programma di studio duale anche allora. Sono stato ricompensato per essersi allontanato dalla media. Quindi mi è sembrata una cosa buona per me.

Fino ad oggi, non mi sono mai pentito di essere un po' sopra la media. Basta mostrare un po' più iniziativa, un po' più disponibilità, un po' più disponibilità, un po' più disponibilità. È sufficiente investire un po' di più per essere ricompensati significativamente di più. Io stesso ho avuto questa esperienza e chiunque fosse disposto a fare qualcosa di più della media l'ha confermata.

Il fatto è che se si vuole più della media ottiene, allora si deve anche essere disposti a dare più della media. Allora sarai pronta ad offendere anche loro. Vuoi di più nella tua vita di un successo mediocre, quindi devi essere pronto a superare questo ostacolo e andare avanti. Ci saranno sempre situazioni in cui incontrerete persone e processi che non sono affatto medi e vi accompagneranno in questo percorso. Ma prima devi passare attraverso la sabbia calda per arrivare al mare di raffreddamento. Allora avrete anche amici al di sopra della media, successo superiore alla media e fortuna superiore alla media.

Tu sei quello che fai!

Pochissime persone hanno ottenuto grandi cose senza fare nulla. Alcuni hanno ottenuto qualcosa avendo qualcosa in testa. Scienziati e ricercatori riescono a farlo. Tuttavia, il risultato di solito conta. La punta dell'iceberg, quando tutto il duro lavoro e la vostra diligenza rimangono nascosti sotto la superficie, mostra il vostro risultato, e questo è ciò che gli altri percepiscono. Forse non e' cosi' difficile come questo. Ma forse si tratta piu' di realizzare le cose, di fare davvero qualcosa. Se si vuole aiutare i malati, purtroppo non aiuta molto ad alimentare il pensiero, ma non a diventare attivi. Se vuoi davvero aiutare i malati, conta fare qualcosa. Il fare fa la differenza decisiva in questo caso. E questa è davvero una differenza molto drammatica. Il fare distingue il chiacchierone dall'operoso, l'infruttuoso da quello di successo. E' solo che fare la differenza è l'unica cosa che fa la differenza. E di sicuro hai sperimentato questa differenza abbastanza nella tua vita. Perché non importa quello che avete pensato prima, non importa quello che avete pianificato, se siete ancora nello stesso posto di prima, allora non avrete fatto così tanto. Si può pensare e sapere molto, senza applicazione e fare questo purtroppo ti porta molto poco.

Puoi cambiare qualcosa solo se fai davvero qualcosa. Se sei un esecutore, anche tu fai la differenza. La differenza che ti permette di andare avanti. Quanto odiavo quella frase quando mi trovavo di fronte ad essa. Per me, è stato il culmine della superficialità. Come posso fare qualcosa se non so cosa dovrei fare. Ho sempre letto: "Non importa, inizia e basta"! Ma con cosa? Non ho un'idea!

Ma poi, ad un certo punto, ho iniziato da poco. Ho appena iniziato a perseguire un obiettivo. Qualunque sia l'obiettivo. Prima volevo diventare un allenatore di fitness, poi un commerciante, poi un consulente gestionale, poi un manager di start-up. Ho appena iniziato con un sacco di cose diverse. E questo obiettivo ha poi portato con sé abbastanza sfaccettature, di cui mi sono dovuto occupare. Questo "just start" permette quindi di avere prospettive completamente diverse. Non importa cos'è, tutto quello che devi fare è avere un obiettivo. E l'obiettivo può essere versatile come potete immaginare. E' abbastanza per cominciare. Qualcosa, la cosa principale, ha qualcosa a che fare con il tuo obiettivo in qualche modo. Comincia ad informarti su qualcosa. Comincia a chiedere alle persone le loro opinioni. Inizia a pubblicizzare qualcosa. Comincia da qualche parte! Se pulisci la tua stanza, dovrai iniziare da qualche parte. E' lo stesso qui.

Il mio obiettivo primario era quello di fare soldi dalla parte di qualcosa di cui ero a conoscenza. Poiché molti dei miei conoscenti mi hanno chiesto informazioni sulla mia dieta per consigli nutrizionali, ho pensato che avrei potuto iniziare a scrivere piani di formazione. Quindi ho iniziato a scrivere piani di allenamento perche' ho pensato: Perché no? Posso sicuramente fare piani di formazione e darli ad altre persone, venderli, offrirli in cambio, ecc. E quando ho iniziato, il mio senso si è finalmente ampliato. E poi c'erano altre cose ad esso collegate. In seguito ho dovuto occuparmi di come ottenere le parti interessate. Questo è associato al marketing, all'acquisizione e così via. Poi ho dovuto vedere a che prezzo potevo offrire i piani. Così ho dovuto affrontare il mercato e i miei concorrenti. Tutte le cose che all'inizio non avevo sullo schermo, ma che sono venute fuori perché ho semplicemente iniziato a fare qualcosa. E con le conoscenze acquisite allora, ora posso costruire su una base completamente diversa. Oggi posso trarne vantaggio. Non importa da che parte mi muovo ora: Ho già avuto esperienze che possono solo portarmi oltre. Se non avessi iniziato, non avrei avuto queste esperienze oggi. Quindi ora capisco cosa significa iniziare da poco. Hai capito?

Se lo capisci prima di me, potrai festeggiare il successo ancora più velocemente. Allora avete già preso un piccolo vantaggio e la prima importante lezione chiave di questo libro con voi. E' cosi' semplice. Dietro questo: "Fallo e basta! Be a doer" è molto di più di quello che a prima vista potremmo capire. Se vedi questo e capisci perché ha senso iniziare, anche se la direzione e l'obiettivo non è ancora certo e fissato al cento per cento, allora vedi anche perché ha senso iniziare. Le esperienze sono spesso più importanti che preoccuparsi delle cose per settimane, solo per acquisire esperienza pratica.

Non ti stai evolvendo.

Rimarrai sempre dove sei, perché fai sempre quello che puoi già fare. Questa frase le è nota da molto tempo. Descrive un fenomeno che si incontra di continuo, ogni giorno. Si tratta del problema principale della vostra vita quotidiana. Si è a proprio agio, facendo quello che già si può fare, perché si sa come funziona e quale risultato ci si può aspettare. Il problema ora è solo che queste cose vi hanno portato nella vostra situazione attuale e vi hanno impedito di andare avanti. Allora, come si esce da lì?

Più facile a dirsi che a farsi, ma: facendo le cose in modo diverso da quello che avete fatto prima. Diverso non significa necessariamente migliore. Non sai se sarà meglio se lo fai diversamente. Ma sai che dev'essere diverso perche' le cose migliorino. Mezzi in un linguaggio semplice: Cambia la tua vita quotidiana! Non e' male quello che stai facendo in questo momento. Non sembra abbastanza per fare dei veri progressi. Fare di più, fare meglio, fare di più spesso. Un semplice esempio: Se si vuole perdere un po 'di peso e ogni dieta ha fallito finora, è necessario cambiare qualcosa a questo proposito. Fare un po' più sport, fare sport più intensivo, prendere le scale invece dell'ascensore. Devi cambiare qualcosa per ottenere anche altri risultati.

Questo è uno dei maggiori ostacoli al nostro successo: facciamo la stessa cosa ogni giorno, ma ci aspettiamo risultati diversi. E' come se ti affidassi a un'autorità superiore. Come se ci fosse qualcosa in te e nel tuo destino. Sappiamo entrambi quanto sia realistico. Per questo motivo, non c'è modo di fare le cose in modo diverso da prima. Non solo tutto è diverso. Questo non porta ad un risultato significativo. Abbiamo chiamato questo metodo il "DOE - Design of Experiments" nella gestione della qualità in chimica e può essere utilizzato meravigliosamente anche nella vita quotidiana.

Il DOE descrive un processo che dipende da diversi parametri. Per esempio, una reazione chimica che dipende dalla pressione, dalla temperatura e dalla quantità della sostanza. Se le condizioni di reazione da noi precedentemente selezionate non portano al risultato desiderato, allora è possibile regolare e modificare questi parametri per ottenere la loro influenza sul risultato della reazione. Supponiamo di cambiare tutto, cioè tutti e tre i parametri di reazione (pressione, temperatura, quantità di sostanza). Ora la reazione funziona! Riceviamo il risultato desiderato. Questo è molto piacevole nel primo aspetto, ma non necessariamente nel secondo. Perché è possibile che abbiamo scelto una quantità di materiale troppo elevata e una temperatura troppo alta di quanto sarebbe stato necessario. Forse bastano 80°C invece dei 140°C usati ora. Il problema è che la differenza di temperatura che abbiamo riscaldato troppo ci costa denaro. Per una piccola miscela di reazione forse ancora trascurabile, per un grande apparecchio con un volume di mille metri cubi già centinaia a migliaia di euro. Ciò significa che un'azienda chimica può risparmiare molta più energia se sapesse che gli 80°C sarebbero già sufficienti a portare la rispettiva reazione al risultato desiderato. Forse la temperatura non aveva nemmeno bisogno di essere impostata così in alto, forse solo la quantità di sostanza era decisiva. Non possiamo più scoprirlo così facilmente in seguito, perché abbiamo immediatamente avviato tutti i parametri di processo.

Il Design of Experiments descrive ora che in un processo che dipende da diverse variabili o parametri, si cambia successivamente uno dopo l'altro e si considera l'effetto sul risultato. Questo ci dà un quadro molto più accurato e ci dice da cosa dipende maggiormente il risultato. Quindi cambiamo un solo parametro passo dopo passo e vediamo quale risultato otteniamo. Così risparmiamo energia, che dovremmo spendere inutilmente, per cambiare tutti gli altri parametri allo stesso tempo (probabilmente inutilmente) e riceviamo un chiaro principio di causa-effetto.

Cosa significa concretamente per la tua vita? Se vuoi risultati diversi, dovresti fare qualcosa di diverso. Ma non tutto è diverso ora. Perché questo comporta anche una perdita di tempo e di energia da parte vostra. Quindi, forse, nella vita di tutti i giorni, cambiate cose che erano importanti da qualche parte per voi, per la vostra condizione mentale, per la vostra motivazione. Si cambiano troppe cose e l'inconveniente che ne deriva comporta un dispendio di tempo e di energia molto elevato. Da un lato, questo significa che avreste potuto raggiungere più facilmente il vostro obiettivo, che avreste potuto fermare e cambiare processi già esistenti e di successo, e che ora sperimentate una mancanza di motivazione a causa dell'inutile perdita di forza. Poiché il fatto di lasciare il comfort ti è già costato così tanto, ora hai poca motivazione ed energia per andare avanti.

Proprio questo fenomeno è alla base dell'affermazione: Passo dopo passo! Hai mai sentito dire che quando qualcuno ti insegna qualcosa, ti dice "passo dopo passo"? Prima l'uno, poi l'altro? Un piede davanti all'altro? Imparare a stare in piedi e camminare prima di iniziare a correre? E' la psicologia che sta dietro a tutto questo. Non fare passi troppo grandi, inizia in piccolo, ma poi inizia davvero! Altrimenti prenderai il sopravvento, perderai forza e motivazione, il che potrebbe aumentare lo slancio di rinunciare per te.

Fai qualcosa di diverso da quello che hai fatto prima. Prima una cosa, poi l'altra e così via. Questo ti porta a realizzare quali cambiamenti porterà alla tua vita, puoi valutare se sono cambiamenti positivi o negativi e, se necessario, ottimizzare i processi o, se ti rendi conto che sono dannosi per te, portarli al loro stato originale o lasciarli fuori del tutto.

E cosa significa concretamente fare qualcosa di diverso? Basta fare qualche cosa in più, investire un po' più tempo, pensare un po' più intensamente, informare un po' di più.

Sii sincero con te stesso, cazzo!

Cosa vuoi dalla vita, cosa vuoi ottenere per te stesso, la tua famiglia, i tuoi amici? Vuoi continuare a vivere la tua vita come fai ora? Le tue parole, quello che vuoi avere, quello che vuoi ottenere, quello che sei in grado di fare, tutto ciò che va in fumo perché semplicemente non sei pronto a lasciare il conforto e finalmente fare qualcosa della tua vita! Si criticano gli altri, si lamentano della politica, della società, si osano prendere posizione, si criticano le altre persone e i loro obiettivi. Ma perche' lo stai facendo? Perché ti vedi in una situazione migliore? Non credo proprio. Perché hai avuto l'esperienza e ne sei cresciuto? Non credo che.....

Attualmente sei troppo intrappolato nel tuo cosmo e stai ancora aspettando un dono dal cielo che ti sveglierai ricco e sano domani. Svegliati! Ora. Si può svegliarsi con la stessa probabilità anche domani gravemente malati e amaramente poveri. Spero che nessuna di queste cose non succeda. Per uno si può fare qualcosa, per l'altro si dovrebbe sicuramente fare qualcosa al riguardo! Dove sei ora, sei solo perche' hai fatto quello che hai fatto prima. Non importa ciò che avete raggiunto finora o ciò che non avete raggiunto. Entrambi sono solo il prodotto di questo. Sii sincero con te stesso, cazzo: Sogni vacanze, di un lavoro che ti riempie, di una casa che ti dà sicurezza e sicurezza, di una famiglia che ti dà amore, e cosa fai in particolare per questo? Sii onesto con te stesso! Cosa stai facendo esattamente per questo? Speri in un domani migliore senza fare nulla oggi. Speri in una felice coincidenza. Sai come mi sento a riguardo. Se non è ancora venuto, perché dovrebbe venire domani o dopodomani? Il momento che ti rende improvvisamente ricco e felice? Le altre persone che credi abbiano una bella vita sono fortunate? Tutto quello che hanno costruito sulla felicità? Quanto è probabile che dopo un momento di felicità riceverai un altro momento di felicità se hai aspettato invano il primo momento di felicità per più di 10, 15 o addirittura 20 anni. Se questo è il vostro piano per aspettare momenti casuali di felicità, allora potreste vivere cinque, sei o sette momenti di felicità in tutta la vostra vita. Basta così'! Non vivrete molti altri momenti di felicità perché non li riconoscerete in primo luogo. E perche' non te lo stai guadagnando. E' un po' sbronza quando hai tutta la vita che ti aggiusta, eh? Aspettare per tutta la vita per un massimo di sette momenti di felicità. Ci ricorda la situazione della ruota del criceto: sei giorni alla settimana in attesa del settimo giorno a venire, quando si può fare ciò che ti rende felice. Non si chiama disciplina, si chiama follia. Sii onesto con te stesso! Sii onesto con te stesso per una volta! Cosa ti motiva davvero? Cosa ti rende felice? Per cosa ti alzi la mattina? Cosa desiderereste se aveste tre desideri? Scrivi questi tre desideri!

1

2

3

Che cosa avete fatto finora e che cosa state facendo oggi per vivere questo desiderio domani? Notate qualcosa? Esatto! Ed e' per questo che oggi cambieremo tutto. Comincerai oggi a determinare il tuo domani, a vivere il dopodomani come immagini che sia.

Prima che qualcosa cambi, devi cambiare qualcosa!

Dove sei ora, sei arrivato lì facendo quello che hai fatto finora. Questo significa che il tuo domani è sempre il prodotto di ciò che fai oggi. Oggi hai un lavoro perché ieri hai completato un apprendistato o una laurea. Lei vive dove ha firmato il contratto d'affitto ieri. Il nostro oggi è sempre senza dubbio il prodotto di quello che abbiamo fatto ieri. Se ieri hai fatto il bucato, oggi puoi indossare magliette appena lavate. Quindi, se non stirate il bucato oggi, non potrete indossare una camicia stirata domani. Stira oggi? Altrimenti, non hai modo di approfittarne domani. Puoi far stirare i tuoi vestiti, ma poi dovrai pagarne il prezzo. Stirare è come la vita. Quello che non sei pronto a fare oggi, non potrai trarre profitto da domani. Quello che non eri pronto a fare ieri, oggi non puoi assaporare. Ha senso? Perché ha senso per te, ma nella tua vita la guardi in modo completamente diverso? Perché non siete soddisfatti di ciò che avete oggi quando ieri non eravate disposti a fare di più per questo? E perché vorresti che domani fosse meglio se non sei disposto a cambiare qualcosa oggi? C'e' un grossolano errore logico. Non puoi farlo. Ma non vivete la vostra vita esattamente in modo tale che pensate che domani sarà meglio senza fare qualcosa di concreto per essa oggi? Si vive il giorno, si vive la stessa vita quotidiana, più e più e più volte, e si pensa che domani qualcosa cambierà, come per magia. Le leggi della natura vi promettono altamente e santo che questo non funzionerà. E quando sarà il momento in cui lo capirai? Quanti anni ci vogliono ancora per dimostrartelo? Ti accorgi subito che il fuoco è caldo. Che non sarai ricco domani se non fai qualcosa al riguardo, non fino ad oggi. L'unico modo per cambiare qualcosa è cambiare qualcosa. Puoi avere una vita migliore solo se stai meglio da sola. Come stai migliorando? Smettendo di fare le cose che fai sempre, ma non si arriva da nessuna parte. Questo non significa che non avete tempo libero o che non festeggiate altri successi. Sono importanti per farti godere di quello che hai compiuto. Ma smetti di fare cose che non ti rendono felice o ti danno soddisfazione a breve termine, ma non ti rendono più felice a lungo termine. Questi sono gli antidolorifici che dovresti consumare il meno possibile.

Il tuo pensiero finora ti ha portato dove sei ora. Non cambierà molto. Quindi è troppo logico che devi anche cambiare il tuo modo di pensare, le tue azioni, le tue idee, se vuoi avere un'altra vita. Un bel detto dice:

Non so se migliora quando è diverso. Ma so che dev'essere diverso perche' le cose migliorino.

A prescindere da quello che pensi di citazioni del genere. Nessuna frase descrive questo fenomeno così come questo. Scrivi questa frase, leggila ogni mattina e ogni sera. Dillo ad alta voce. E vedrai che il tuo modo di pensare cambia.

Fai quello che ami o ami quello che fai

Non devo masticare qualcosa che tu già sai. Sai per te stesso che spesso sei molto bravo in quello che ti piace davvero fare. Semplicemente perché qui si ha molto amore per il dettaglio e anche particolarmente esercitare se stessi per farlo bene. Semplicemente perché ti piace. Anche questo è ovvio. Non è più un segreto e persino scientificamente provato che le prestazioni e i risultati delle persone che fanno ciò che amano sono in media migliori di quelli che fanno qualcosa come mezzo per raggiungere un fine. Questo è noto. E anche logico.

Ma qual e' il punto? Molti vi raccomandano più e più volte: fate quello che amate! E se lo fai, troverai sempre un modo per guadagnarti da vivere. Penso che questo sia in parte vero, ma non ne sono completamente convinto. Ci sono due cose che mi danno fastidio: sicuramente si possono guadagnare soldi piacevoli con quasi tutte le idee, ma ci vuole più di una semplice passione. Questo richiede un'idea di business corrispondente, l'opportunità e l'ambiente circostante per guadagnare soldi con esso. Sicuramente questo è possibile, ma non è così semplice come viene suggerito. Penso, tuttavia, che il lettore attento già lo sappia.

Il secondo punto è questo: Comunque, cosa ti piace fare? Ne sei almeno consapevole? Sai cosa ti appassiona davvero? A parte dormire, mangiare e festeggiare? Sicuramente ci sono possibilità di generare un reddito mensile, ma le idee devono diventare più astratte. Sono convinto che spesso non siamo consapevoli di tutte le cose che ci piace fare. Penso che questo spesso accade inconsciamente perché è diventata una routine da qualche parte. Se questo non è il caso con te, tanto meglio, allora puoi scrivere qui le cose che ti piace fare:

-

-

-

In caso contrario, allora dovreste pensare, come meglio potete, alle ultime quattro settimane nell'occhio della vostra mente e considerare ciò che avete fatto ancora e ancora durante queste quattro settimane. Perché spesso si fanno le cose che ti piacciono, anche solo nel mezzo, senza apprezzarle consapevolmente. Ma lo stai associando a una sorta di compenso, ti fa bene. Ed è per questo che questa occupazione si ripete di continuo. E ora, ricordare indietro dovrebbe aiutarti a rintracciare quei processi. E no, dormire non conta.

-

-

-

Quella era la semplice variante. Ci sono anche cose che ti piace fare, ma che non succedono che spesso o non sempre possono essere fatte direttamente al secondo, per esempio sciare, giocare a calcio, nuotare, ecc.

Trattare con le cose che ti piace fare, perché queste sono anche attività che potenzialmente fai molto bene. Naturalmente, questo vi aiuta enormemente a creare un vero valore aggiunto. Per te, o per altre persone la' fuori. Già le riflessioni qui raccolte ti aiutano a dedicarti alle tue passioni.

Un altro modo è amare ciò che fai. Fai abbastanza cose, giorno dopo giorno. Anche se non lo percepisci coscientemente, o se lo fai solo di lato. Facciamo sempre qualcosa, anche quando non facciamo niente, facciamo qualcosa. Niente! Questo altro approccio richiede di costruire una passione per le cose che già si fanno. Sia che stiriate il vostro top. Forse questo è un lavoro che non ti piace affatto. Tuttavia, è possibile cercare di includere aspetti che rendono questo compito più interessante per voi. È possibile provare a rendere la propria sfida con una stiratura più perfetta o più veloce di giorno in giorno. Oppure, si associa questa attività con qualcos'altro che ti dà sensazioni positive. Ad esempio, ascoltando musica, cantando, ballando, guardando una serie, registrando podcast, scrivendo messaggi vocali, utilizzando applicazioni voice-to-text per scrivere i tuoi pensieri creativi. Anche in questo caso le possibilità sono sufficientemente astratte. Ma anche per quanto diversificata possa servire. Quindi pensate a quali cose potete associare ai compiti per renderli più belli. Forse vi porterà a guardare avanti a questa attività ora, in modo da avere il tempo di dedicarvi a un vostro hobby oppure potete semplicemente prendervi questo tempo per voi stessi. E' solo un modo di vedere le cose e una cosa abituale.

Fai quello che ami o ama quello che fai. Hai una scelta per entrambi!

E se.....?

....alcune cose sono davvero incredibilmente difficili per te, hai davvero paura di qualcosa, non ne hai voglia, non puoi farlo o o o o.....

Allora fallo per prima cosa! Fallo direttamente. Nessun pensiero, nessuna discussione. Se è fattibile, fallo direttamente. Anche se forse non è la decisione più sensata per completare direttamente questo processo e preferirlo ad altri, è comunque la decisione giusta. Per la semplice ragione che questo processo è altrimenti troppo gravoso e troppo paralizzato. La ragione psicologica qui è davvero decisiva! Da un lato, altrimenti si rinvia inutilmente questo processo, ritardando i progressi. D'altra parte, il pensiero di cose spiacevoli probabilmente vi appesantirà molto di più di quanto vi costerebbe la forza di farle direttamente. Questo è un fenomeno molto comune: le cose che non ti piace fare si rimandano. Ma se deve essere fatto, o dovrebbe essere fatto, perché è benefico, allora di nuovo è solo un sollievo temporaneo mettere queste cose davanti a voi. Il pensiero di doverlo fare probabilmente ti appesantisce molto di più che se ti limiti ad affrontarlo. In termini di tempo, probabilmente ci vuole ancora meno tempo per la sua semplice attuazione diretta, invece di ritardarla ulteriormente. E: Il risultato è prima di te. Quindi ne hai beneficiato due volte. E' tutto, allora.

Quindi un consiglio molto importante da parte mia è: non mettete sul tavolo cose che non vi piacciono, ma fatele direttamente, immediatamente, immediatamente, immediatamente! Per prima cosa! Se non spezza l'intero concetto, fallo ora! Ne trarrete più vantaggi che se prendeste in considerazione qualsiasi altra soluzione. Fai del tuo massimo per fare le cose che ti danno più fastidio in questo momento! Attraverso questo approccio vi renderete presto conto che presto non vi sarà difficile per voi o posticiperete qualcosa perché è scomodo perché ora guardate tutti i processi in modo simile. Tutti hanno la priorità appropriata e non subiscono ritardi a causa di disagi. Ho detto che questo punto di questo approccio è quello di cui lei trae vantaggio? A tutti i compiti viene data la priorità appropriata che gli viene data. Quindi non ci saranno incongruenze nel suo programma.

La differenza tra prezzo e valore

Un prezzo è sempre qualcosa che devi pagare. Un valore è sempre qualcosa che si riceve. Prezzo e valore sono relativi e dipendono sempre dallo spettatore.

Un prezzo è spesso la barriera all'ingresso. Un ostacolo da superare. Se vuoi acquistare un prodotto o un servizio, devi pagare un prezzo. Senza pagare il prezzo non riceverai il prodotto o servizio. Mettete sempre il prezzo in relazione al valore che il prodotto o servizio vi porta. La domanda: "Ne vale la pena per me?" descrive esattamente questo fenomeno. Il prezzo è adeguato al valore che ha per voi? Ci sentiamo bene e siamo più disposti ad accettare questo scambio se il valore per noi sembra superiore al prezzo da pagare. Uno scambio di pari grado è di solito accompagnato solo da una grande considerazione. Se il prezzo è superiore al valore che immaginiamo, la transazione di solito esplode per noi.

Ogni cosa nella vita ha il suo prezzo. Per alcune cose devi rinunciare a qualcosa, per altre cose devi spendere qualcosa, per altre devi superare qualcosa. Se si vuole ottenere qualcosa, bisogna pagarne il prezzo. Il prezzo da pagare può essere diverso come si può immaginare, una volta che il prezzo può essere veramente in contanti, a volte è superare la paura o la pigrizia, a volte è l'inconveniente di rinunciare alle cose a cui ci si è abituati. Pagare un prezzo non significa solo spendere soldi. E prima di pagare un prezzo, valutiamo il valore che il risultato della nostra transazione ci porta. Per noi, il valore è l'unico fattore decisivo. Tuttavia, cerca di internalizzare per te stesso che c'è una differenza significativa tra prezzo e valore. È importante che il valore di qualcosa avvenga sempre attraverso lo spettatore e non attraverso il processo di creazione o la catena del valore di un bene. Il valore per qualcosa sta unicamente nel valore (aggiunto) per l'individuo. Prova a vedere il valore delle cose prima di guardare il prezzo.

Ecco un semplice esempio: Qual è il valore dell'acqua? E a che prezzo si vende l'acqua? Il valore non è determinato da quanto l'acqua deve fluire attraverso i tubi, attraverso quali valli e montagne scorre, o da quale fonte nasce. Tuttavia, il prezzo fissato per il pubblico è determinato proprio da tali fattori. Tuttavia, il valore dell'acqua varia completamente da persona a persona e da situazione a situazione.

Ecco un semplice esempio:

L'escursionista si propone di esplorare l'infinita vastità del deserto. Tuttavia, le sue riserve d'acqua sono già esaurite dopo i primi giorni, cosicché nei prossimi giorni soffre di una forte sete e non trova alcuna possibilità di bere. Improvvisamente arriva un secondo escursionista che sta tornando e che ha ancora decine di litri d'acqua nel suo bagaglio. Si è giudicata male e si è portata via troppo. Quindi ora deve trascinare indietro tutto.

Quando questi due escursionisti si sono incontrati, l'escursionista assetato ha notato le grandi riserve d'acqua dell'escursionista. Le chiede cosa o quanto vuole per un litro d'acqua. Il vagabondo potrebbe ora chiedere qualsiasi prezzo che il vagabondo potrebbe essere disposto a pagare, dal momento che l'acqua ha per lui un valore inestimabile in questo momento. Per l'escursionista, l'acqua non ha più un valore troppo alto, perché è già da qualche giorno in città e non ha più bisogno d'acqua. Al contrario: per te l'acqua è un peso che devi ancora portare in città. La stessa acqua che possiede l'escursionista e che vuole l'escursionista assetato vale quindi molto allo stesso tempo e non vale molto. Il prezzo? Dipende dalle capacità, dalla buona volontà, ma anche dalle capacità di negoziazione dell'escursionista.

Vedi che prezzo e valore sono sempre relativi. Dipendono anche dalla situazione in cui ti trovi in questo momento. È importante che tu consideri il valore per te stesso delle cose che incontri o incontrerai ogni giorno. Tutto avrà il suo prezzo. Paga il prezzo se il valore è più alto per te. Allora non importa quanto alto sia il prezzo. Se il valore è superiore, sarà sempre una transazione redditizia per voi.

Quindi pensa attentamente a quello che le cose valgono per te. Ma poi siate pronti a rinunciare a certe cose o, se hanno davvero senso per voi e per i vostri progressi, pagarne il prezzo, anche se è alto. Se trovate questo prezzo appropriato in questa situazione, pagatelo.

Qual è il presupposto assolutamente più importante per diventare finanziariamente liberi?

E 'importante che, oltre a tutte queste domande, ottenete anche le risposte alle domande su come le domande. E un fattore è anche il denaro, che è collegato al raggiungimento del vostro obiettivo. Sono convinto che anche se non vuoi fare tanti soldi, dovresti comunque lottare per la libertà finanziaria, perché può rendere tutto il resto possibile per te in questo mondo. Il denaro è e rimane la risorsa finanziaria più liquida come oggetto di scambio di beni e servizi. Significa qualunque siano i tuoi obiettivi: Il denaro farà certamente la sua parte in alcune parti. Ecco perche' dovremmo vedere come stabilizzarti finanziariamente.

Allora, qual è il requisito più importante? Non i soldi. Sarebbe un po' troppo facile. Soldi che ottieni e soldi che ottieni quando sei ricco. C'è un detto che dice: "Chi ha soldi avrà soldi". E c'e' una semplice ragione per questo. Perché se siete riusciti a costruire una certa prosperità, ciò dimostra che siete in grado di gestire il denaro. Per questo motivo, sarà più facile per i ricchi fare soldi. Si dice: "Portate via i milioni di un milionario, e in breve tempo sarà di nuovo milionario". La gestione del denaro è l'unico fattore decisivo.

Il denaro è quindi importante per essere e diventare ricchi. Più importante, tuttavia, è come affrontarla. Come gestisci i soldi? La componente più importante per questo è infatti la vostra mentalità e la relativa gestione del denaro. I soldi sono come un melo. Prima devono prendersi cura dei semi e poi della prima crescita. In seguito si possono raccogliere le mele dall'albero senza dover fare molto per esso. Ma devi piantare l'albero e farlo crescere da solo.

Perché è ancora più importante del semplice fare soldi in qualche modo? La risposta è ovvia: perché la tua mentalità ti fa fare cose che ti rendono ricco. La vostra mentalità è responsabile della ricerca di opportunità, della ricerca di opportunità, dell'individuazione di opportunità, della raccolta di battute d'arresto, della massimizzazione e della celebrazione del successo.

Questo fatto è il più scomodo di tutto quello che possiamo immaginare. Perché è qualcosa di intangibile, qualcosa che non si può comprare, prendere in prestito o semplicemente trovare da qualche parte. Questa mentalità è una cosa molto astratta che incontriamo quando la trattiamo in modo estensivo. Deve essere risolto. Sembra molto irrealistico, a volte anche superficiale e poco produttivo. Tutti dicono: "Dipende dal tuo atteggiamento interiore". Se pensi che questo non sia altro che chiacchiere, allora posso capirti molto bene. E se non lo pensi, allora posso capirti molto bene. Perché ho effettivamente sperimentato entrambe le parti, per essere in grado, alla fine, di farmi un'impressione personale. E anche tu dovresti farlo.

Questa mentalità che ti aiuta a diventare ricco è molto importante per il fatto che sei molto aperto all'ambiente che ti circonda. La maggior parte del tempo, non aiuta se passi le notti a pensare a quale prodotto inventare, creare un bestseller e guadagnare milioni. Di solito sono le piccole cose che ti succedono dove pensi di poter fare qualcosa di più veloce, più facile o addirittura meglio di qualcun altro. E così nasce la prima idea.

Oltre all'idea di fondare, creare o realizzare qualcosa, siete aperti a nuove idee. Nuove idee, nuove persone, nuove opportunità. Tutto questo succede solo se hai la visiera aperta. Chissà se il prossimo contatto che fai potrebbe non farti scivolare in un'azienda gigante? Forse questa persona sta cercando qualcuno con cui realizzare un grande progetto? Essere sempre aperti a cose nuove, grati per ogni opportunità, potrebbe cambiare la tua vita.

Il punto più importante nella vostra mentalità è il seguente: A fare! Questo fatto attraversa la tua vita. Fallo! Fallo e basta! Qualunque idea tu abbia: Se non è completamente spento, ha un grande potenziale. Ci sono certamente innumerevoli persone là fuori che sarebbero interessate a quello che fai. Date un'occhiata alla diversità delle nostre culture, dei nostri prodotti, del nostro cibo. Perché ci sono milioni di varianti diverse di un unico prodotto? Ci saranno sempre persone che apprezzano la stravaganza, sostengono idee folli, o hanno solo aspettato la tua idea. Ma la cosa più importante da fare per il tuo successo è farlo! Devi farlo. Devi iniziare e andare fino in fondo. Mi ci sono voluti tre tentativi per scrivere questo libro finché non ho capito che dovevo farlo perché voglio aiutare le persone che hanno perso il loro coraggio o semplicemente non vogliono vivere la loro vita normale. Fallo e basta. Finché non lo farai, non succederà niente. Niente di niente! Zero! Non cambiera'. Non ci sara' nessuno a venire domani per costruire la tua attivita' e dartela. Ti sveglierai domani proprio come ti sei svegliato oggi e andrai a letto la prossima settimana, proprio come fai oggi. Non cambia nulla. Questo e' quello che forse non hai capito prima. Non cambia nulla da sola. Non si diventa muscoloso da soli, non si diventa più ricchi, non si migliora. Devi fare qualcosa al riguardo. E poiché è scomodo, si resiste e ci si arrabbia piuttosto che cambiare qualcosa. Il momento in cui sei infastidito da te stesso, abbattuto, insoddisfatto e persino infelice, questa volta.... prendine il 50%, e avresti già potuto costruire tutto ciò che ti avrebbe portato al tuo obiettivo ora. Invece di lamentare per cinque ore quanto sono bravi gli altri e quanto siete cattivi, prendetevi solo due ore da me e fate qualcosa di dannatamente produttivo. Poi ti restano ancora tre ore per fare cose strane.

Si vuole sempre cambiare qualcosa o aver detto qualcosa di cambiato, ma non si fa nulla per questo. Allora come può cambiare qualcosa? Un santo regalo? Magia? Stronzate! La vita che vivete ora è il prodotto di ciò che avete fatto finora. Allora come puo' cambiare domani, se oggi fai la stessa cosa di ieri? Oggi fai la spesa per il riso e domani vuoi mangiare le lasagne. Non funziona così! Gli anni precedenti non sono stati sufficienti a dimostrare che non si può andare avanti con questo tipo di pensiero e questo tipo di trading?

Parli sempre di iniziare da domani. Domani mi sarò..... sbagliato!! Cominciate subito! Non solo oggi, ora! Scrivi tre cose che vuoi cambiare d'ora in poi!

1

2

3

Scrivi i cambiamenti che questo potrebbe comportare per te e le cose che probabilmente vorrai ottenere con esso. Vuoi smettere di fumare? Scrivilo subito qui e considera cosa puoi fare con questo denaro risparmiato mensilmente. In caso di dubbio: Salva! Un pacchetto di sigarette a settimana potrebbe costare 6 euro. Sono 24 euro al mese. Sono 288 euro all'anno. Sono 2880 euro in 10 anni. Pensa a cosa avresti potuto ottenere da questi soldi grazie all'effetto degli interessi composti. Ricordate che ogni euro risparmiato ha un impatto maggiore sul risultato finale degli interessi composti.

Allora, hai compilato la lista ora? Cosa vuoi cambiare adesso e come cambierebbe la tua vita? Scrivilo brevemente e concisamente, ma in modo da avere a prima vista un quadro chiaro davanti ai tuoi occhi. Inviatemi questa lista via e-mail. Tra un mese e tra un anno trarremo una conclusione. L'hai davvero cambiato subito? Hai fatto quello che era possibile? In caso contrario, i tuoi obiettivi non erano realistici, oppure eri un fannullone e non hai più avuto successo. Allora non hai imparato di nuovo niente. Puoi trovare la mia email alla fine di questo libro.

Hai raggiunto il tuo obiettivo? O quasi? Dannazione, poi finalmente l'hai capito e hai visto come funziona. Le cose non arrivano da un giorno all'altro. Il successo parziale è anche successo. Ti avvicinano al tuo obiettivo. Più vicino di quanto tu sia mai stato in grado di superare la tua vita quotidiana incasinata. E' cosi' che funzionano le cose! Non è diverso! Non vedrai i tuoi successi domani, ma la prossima settimana. E il mese prossimo saranno ancora più chiare. E l'anno prossimo darà i suoi frutti. E tra cinque anni, vedrai che è stata la decisione migliore della tua vita.

Devi girare l'interruttore. Se vuoi cambiare qualcosa, devi cambiare qualcosa. Niente accade da solo, tranne che la ruota del criceto continua a girare per te e a volte muori. Non succede nient'altro da sola. E' davvero scomodo, specialmente quando sei abituato a fare le cose nel modo in cui le hai fatte. Ma tu vuoi di piu', pero'. Vuoi passare al livello successivo. Allora devi fare quello che è necessario.

Il fattore tempo

Quante volte sento da persone che semplicemente non hanno tempo per fare le cose, per costruire qualcosa, per creare qualcosa. Hai tempo? Hai abbastanza tempo per fare qualcosa?

Jeff Bezos, fondatore di Amazon, l'uomo più ricco del mondo..... Ha più tempo di te? Ha 26 ore al giorno e tu ne hai solo 24? E' un'assurdità, giusto! Ma allora perche' ti comporti come se lo fosse? Quanto tempo hai a disposizione per creare qualcosa come ha fatto Jeff Bezos? Esattamente tante ore al giorno quante ne ha lui. Nemmeno un solo millisecondo in più o in meno. Esattamente alla stessa ora! Dipende solo da due piccole cose: Cosa fai con il tuo tempo e come gestisci il tempo. Nient'altro. Uno ha a che fare con la definizione delle priorità, l'altro con l'organizzazione.

La priorità significa che si completano i compiti e le cose in un certo ordine. Ci sono molti libri utili su come stabilire le priorità. Un breve riassunto da me: Comincia con quello più importante e urgente e metti il resto nella parte posteriore. Il tutto ha due effetti: Prima di tutto, non farete più alcune cose che sono semplicemente di minore rilevanza per voi. O rinunciate completamente e dimenticate che esistevano senza sentirvi incisioni nella vostra vita, o semplicemente per farle in seguito, se vi siete presi cura di tutto ciò che è importante in precedenza. Questo ti fa capire quanto fosse assurda questa attività e quanto tempo sia stato sprecato senza valore aggiunto. A volte ci si accorge persino che se lo si lascia fuori, se se ne approfitta. In secondo luogo, si ottengono le cose veramente importanti quando si possono ottenere le migliori prestazioni, in modo che le cose importanti siano fatte davvero bene. Queste dovrebbero essere cose che forniscono un grande valore aggiunto per voi o per altre persone.

Come scopri quali compiti sono importanti per te o per le persone che ti circondano? Ponetevi le seguenti domande:

Perché lo sto facendo?
A cosa mi farà bene?
Quali sono i benefici per le altre persone che sono importanti per me?

Quanto tempo mi costa?

Quanto denaro mi costerà e quanto sono disposto a investire?
Quanto tempo e denaro mi fa guadagnare?
Come mi aiuta a raggiungere i miei obiettivi generali?

Cosa succede se lascio fuori quest'attività?
Cosa potresti fare di più, invece?

Facendoti queste domande, stai mappando mentalmente il processo e pensando realmente ai benefici di questa attività. In questo modo si attribuisce già un certo grado di importanza ad ogni attività: Piu' o meno. E quando è meno importante, lo interroghi automaticamente e pensi a cosa puoi fare al suo posto. Così si chiamano tutti i processi, per quanto possibile, prima dell'occhio mentale e li sperimentate consapevolmente. Il tempo che investite in queste considerazioni vi farà risparmiare ancora una volta molto tempo. Il potenziale per risparmiare tempo dando priorità ai compiti è enorme.

Inizia a dedicare molto del tuo tempo a cose che ti fanno progredire, o almeno ti rendono felice, piuttosto che sprecare il tuo tempo su cose che ti rendono "felice" per un breve periodo di tempo. L'80% del tuo tempo dovrebbe fare proprio questo. Niente di meno. Il restante 20% può essere utilizzato per altri compiti. Per quelli che ti piacciono, anche se non ti portano da nessuna parte. Tuttavia, questi tempi dovrebbero sempre essere vissuti consapevolmente. Cosciente se sono buoni per te o se hanno maggiori probabilità di offuscare la tua visione. Da un esame più attento, tuttavia, si scopre che spesso ti ingannano solo per farti credere a qualcosa. Assicuratevi che non siano cose così superficiali che in verità non ne traete beneficio personale, oggettivo o emotivo e che non ne traete ancora insoddisfatti come prima. Ti stai intorpidendo temporaneamente per distrarre dal tuo vero piano. Non ti piace ingannare te stesso, vero?

Ora è compito vostro occuparvi delle attività che fate durante il giorno e considerare che tipo di attività state facendo e quanto ne avete bisogno.

Risultati diretti dei processi

E ora, purtroppo, ho una pessima notizia per voi: e sì, questo è un metodo per attirare la vostra attenzione su ciò che sta arrivando. Quindi, massima attenzione e leggete quello che sto scrivendo qui ora.

La cattiva notizia per te è che, purtroppo, tutto nella tua vita è soggetto a un processo. E questo e' davvero un problema, almeno cosi' sembra. Questo è un grosso problema per te. Questo significa che spesso non è possibile cambiare le cose durante la notte o che non si vedono direttamente i risultati: la riprogrammazione delle abitudini richiede da giorni a settimane, in modo che vadano facilmente per mano e poi diventino addirittura di routine e portino sollievo. Per cambiare le cose nella tua vita ci vogliono settimane, forse anche mesi, persino anni. Conoscere il proprio partner per tutta la vita di solito richiede mesi o anni. Anche il tempo che intercorre tra il primo incontro e la relazione fissa è di solito un processo più lungo. Perdere peso, aumentare di peso, allenarsi per una maratona, preparare un pasto complesso. Non succede niente da un secondo all'altro. Ma questa è una buona cosa, perché ci dà il tempo di riflettere su alcune cose, di migliorarle e, infine, di ottenere un risultato eccellente. Questo processo distingue tra esecutori e perdenti. I perdenti falliscono lungo la strada, non perché non possono o non ce la faranno, ma perché sono troppo pigri, troppo indisciplinati o semplicemente troppo immotivati. E questa, a sua volta, è una buona cosa. Perché il denaro che non guadagnano è il denaro che possiamo guadagnare ancora più facilmente. Le possibilità che non si prendono sono le possibilità che si possono prendere ora in aggiunta. E la vita che non possono vivere è la vita che puoi vivere ora. Prima di questo libro potresti essere stato uno di quei perdenti che hanno sempre rinunciato. Almeno quando si trattava di grandi progetti di vita. Ma ora hai deciso di essere uno dei traslocatori e scuotitori. Ora vuoi cambiare qualcosa. Ora cambierai qualcosa!

I processi sono spesso scomodi perché non forniscono un feedback diretto, almeno non il più delle volte. L'essere umano è abituato dalle possibilità tecniche nel frattempo, direttamente le informazioni per ricevere i suoi ordini nello stesso giorno per ottenere immediatamente i risultati della macchina di ricerca presentati. Semplicemente non siete più abituati ad elaborare i processi e ricevere il risultato in un secondo momento. Tuttavia, non possiamo cambiare alcune cose. Alcune cose, come le abitudini, l'obesità, l'esame di guida, non vanno durante la notte. Bisogna essere pronti a lavorare per cose i cui risultati e successi saranno visibili solo nel prossimo futuro. Questo non è comodo, come niente qui su questa lettura, perché non si vede direttamente ciò per cui si sta facendo qualcosa, perché non si sente come qualcosa cambia immediatamente. Ed e' per questo che la tua mentalita' e' cosi' importante. Perché si rimane motivati e si continua ad andare avanti perché si sa che qualcosa sta per cambiare. Perché ti fidi di te stesso, del processo e delle leggi della natura, che c'è sempre un principio di causa-effetto. Questa è la chiave che ti porta avanti, che ti motiva, che ti tiene sulla palla, ed è il fattore che ti fa avere successo.

Su 82.000.000.000 di persone in Germania, ci sono 1.000.000.000 milionari. Non perche' sono particolarmente talentuosi o particolarmente fortunati, no. Ma perché hanno capito che le cose sono soggette a processi e che questi processi sono i fattori decisivi. Hanno capito che oggi bisogna fare qualcosa per vivere nella prosperità in cinque anni. Capiscono che stanno lavorando per qualcosa che non sarà finito domani, ma che tra cinque anni renderà possibile una vita che sognano ora, e che durerà fino alla fine dei loro giorni.

Alcune cose in questo libro possono sembrare un po' astratte. E se ne parli con altre persone, allora può darsi che anche queste persone non ne abbiano idea, lo considerino superficiale e forse lo prendano in giro. Penso che dovresti consigliare loro qualcosa sulla loro vita o forse leggere questo libro se ti è servito. Perché c'è un motivo per cui solo 1 milione di persone su 82 milioni di persone in Germania sono milionari, e non il contrario. Dimostra che per ogni 82 persone c'è una sola persona che pensa come te. Allora, chi dovresti ascoltare? Il pubblico in generale, la maggioranza? Sono sicuro che non lo sai fare!

Hai già sperimentato che molte persone pensano il tuo modo di pensare e molte persone vivono il tuo modo di vivere. Ma siccome non vuoi vivere come hai fatto tu, devi cambiare qualcosa. Anche se è scomodo, anche se a volte sembra troppo pesante per te. Ricordate: 1 su 82. Se non volete appartenere all'81, ma ne avete fatto parte con il vostro modo di pensare finora, allora provate a considerare se l'1 su 82 forse ha fatto qualcosa di diverso, a considerare se forse non ha avuto gli stessi pensieri vostri, e poi semplicemente lo ha fatto, ha fatto qualcosa di diverso da ieri, per cambiare il suo domani. Pensa a cosa puoi cambiare per essere non uno degli 81, ma diverso da 81 persone.

Pensatelo come un giardino: Innaffiate le radici ogni giorno perché sapete che i loro bulbi o boccioli alla fine diventeranno dei bellissimi fiori. Perché hai già visto che esistono e perché ti fidi della natura delle cose. Il principio di causa-effetto. Anche se ancora oggi non si vede nulla, si annaffiano queste radici giorno dopo giorno, giorno dopo giorno, in modo che tra qualche settimana emerga da esse un bellissimo prato fiorito. Innaffiatevi quindi ogni giorno, ogni giorno, in modo che una persona felice possa emergere da voi in breve tempo.

Esiste una cosa come la fortuna?

Si', c'e' una cosa come la fortuna. Ma no, non è quello che le persone pigre intendono con questo. Cosa ne capiscono i pigri? Pensano che la felicità sia qualcosa come il destino. Un potere superiore, una circostanza che succede semplicemente a te (ma poi soprattutto all'altra persona) e rende le altre persone felici e di successo. Come per magia, per un potere superiore. Destino. Sembra che tu non abbia alcun controllo su di essa. Quindi sarebbe successo e basta. Pura coincidenza. E se la coincidenza è positiva, allora è stata fortuna! Non solo fortuna, il destino. E la cosa negativa di questo felice destino è che succede solo all'altro. Mai a te stesso! Non sei mai fortunato. Sempre gli altri! Gli altri hanno genitori ricchi, condizioni di vita migliori, un capo migliore, paga più generosa. Di solito e' una questione di fortuna. Associ queste cose in parte alla felicità? Se è così, allora c'è un errore di pensiero incredibilmente grande nella sua testa, che dobbiamo prima di tutto ripulire con urgenza. Ed e' molto importante, quindi parliamone direttamente.

L'aggettivo di felicità è felice. Sai cosa significa essere felici. Da qualche parte verso la soddisfazione, soddisfatta. Dunque, hai un'idea di come si fa a sapere che non c'e' niente da fare.

quindi sei fortunato se sei fortunato. Sei geloso quando hai gelosia. Giusto? Esatto. Beh, abbiamo gia' la soluzione. La felicità non è ciò che ci succede, la felicità è ciò che sentiamo, ciò che accade dentro di noi. Così le circostanze esterne non possono mai essere felicità, la felicità può essere percepita solo dentro di noi. Sembra molto spirituale, ma non lo è affatto. La felicità è un concetto emotivo, non un processo esterno.

La tua ragazza ha ricevuto la settimana scorsa dal suo capo l'offerta di volare in Thailandia. E' fortunata ad avere questo. La sua collega ha purtroppo solo un'incredibile paura di volare e pensa di non poter cancellare questo volo, perché da questo dipende la sua reputazione o anche il suo lavoro. E' ancora fortunata? E' ancora in un posto felice? Vedi, tutto è una questione di interpretazione. E quindi la felicità è anche una questione di interpretazione. I pigri descrivono le cose come felicità, per la quale l'operoso ha lottato duramente attraverso un lavoro costante. Il pigro vede la felicità in cose che gli altri hanno che vuole se stesso, ma non è disposto a fare o addirittura a rinunciare. Il prezzo è troppo alto per lui per questa "felicità". L'uomo pigro non vede quale lavoro l'uomo operoso mette nella sua vita, mentre altri non guardano. Il pigro vede la punta dell'iceberg, mentre l'operoso nuota fino in fondo.

Ciò che vedi come felicità non è altro che una scusa per nascondere la tua situazione al fine di giudicare male i tuoi veri obiettivi e intorpidire i disagi ad essi associati. La felicità è quasi una non-parola. Giudica male il lavoro dei coraggiosi e laboriosi. E' un insulto ai costruttori. La felicità dovrebbe essere rimossa dal nostro vocabolario. La felicità è l'unica cosa che può essere usata. O dovrebbe essere usato.

Che ti succede? Perché la felicità sembra significare qualcosa di diverso per persone diverse. Sicuramente siamo d'accordo su alcune cose perché potremmo avere obiettivi o motivazioni simili. Questo significa anche che a volte potremmo lottare per lo stesso stato di felicità. Ma se guardiamo più da vicino, allora la felicità significa qualcosa di diverso per te che per me. E questo è scientificamente provato! La felicità è sempre e solo felicità nel tuo occhio, perché non sai mai cosa desidera la tua controparte ha, quali preoccupazioni che lui/lei associa ad essa, che cosa chiami felicità, e quali cose stanno succedendo nella sua testa. Poiché ogni persona pensa ed è diversa, la felicità è sempre definita in modo diverso.

Quindi la felicità è piuttosto l'atteggiamento interiore. E questo probabilmente si formerà meglio in uno stato felice se guardi le cose in modo tale che possano significare felicità per te. Quindi può essere fortunato che avete perso questo treno perché potreste aver fatto una spiacevole conoscenza con una persona invadente. Può essere fortunato che non hai ottenuto il lavoro perché ti sei imbattuto in un annuncio di lavoro completamente nuovo che ti porta molto di più dove vuoi andare. Anche il vostro concetto di felicità dovrebbe essere in grado di riorientarsi. Quindi la felicità significa anche adattarsi alle circostanze che cambiano.

Significa anche che il nostro atteggiamento interiore verso la felicità influenza quanti momenti felici si vivono. E' logico, vero? La felicità può essere una profezia che si auto-realizza, la felicità dipende dal tuo atteggiamento verso la felicità. Sei d'accordo con me? Allora sono fortunato che tu sia d'accordo con me. Perche' sono felice quando posso darti quello che la felicita' significa davvero.

Anche la felicità non è destino, soprattutto non è una coincidenza. Come hai appena visto, è sempre solo un prodotto del tuo atteggiamento interiore. Allo stesso modo, avete certamente capito che la felicità non significa la stessa cosa per tutti. Allora come può la felicità essere il destino? O una coincidenza?

Allora stai supponendo che un'autorità superiore governa la tua vita. Questo modo di pensare è giustificabile solo se sei un credente. Che tu sia o no, non importa ora. Ma importa se le vostre convinzioni si contraddicono a vicenda. La felicità è determinata esclusivamente dal tuo atteggiamento interiore. E c'e' qualcun altro che controlla il tuo atteggiamento oltre a te stesso? Questo determina anche un'istanza superiore? Se è così, allora sei un rigoroso sostenitore. Se pensi che sei l'unico a decidere, e questo atteggiamento interiore a sua volta determina la felicità e l'infelicità, allora alla fine decidi se sei fortunato o meno. E' vero?

Quindi la felicità è solo il prodotto di un atteggiamento interiore, e l'atteggiamento interiore è il prodotto di te stesso. Qualcosa su cui solo tu hai influenza e che puoi determinare liberamente. Significa che puoi prendere il controllo della tua felicità in piena autonomia. Vi prego di scrivermi una mail, se ho inserito qui un errore mentale o logico. Ma in realtà le connessioni causali sono chiare. E la sua derivazione anche armoniosa. Allora, dov'e' il difetto nella matrice? Allora perché non sei felice, quando puoi decidere da solo?

Il difetto della matrice è, e ora sarà duro al 100% per te! Perché il problema principale è che le vostre idee e aspettative non corrispondono alla vostra motivazione e volontà. E questo ti rende infelice o ti permette di non avere fortuna o molto più "sentire". Come puoi essere fortunato se il tuo atteggiamento interiore non è alla ricerca della felicità? E' possibile che non consideri per niente fortunate alcune cose? Forse la felicita' si chiude a te perche' non sei aperto. Dato che non sai nemmeno cosa signifighi felicità per te. Hai mai pensato a cosa sia la felicità per te? In quali situazioni desiderate la felicità?

Per favore, riassumete brevemente cosa significa felicità per voi. Scrivi qui, quanto sei fortunato. Assicuratevi di descrivere cose utili, situazioni o stati concreti.

Ora rispondete voi stessi alle seguenti domande:

Cosa stai facendo per trovare quella felicità? Cosa sei stato finora o sei pronto a fare oggi per vivere questa felicità? Per favore, scrivi tre cose che hai gia' fatto per questo. Queste cose dovrebbero essere concrete. Non: voglio diventare ricco - e ho giocato alla lotteria tutta la mia vita per questo.....

Anche giocare alla lotteria non è pura "fortuna". Giocare alla lotteria è giocare con ogni probabilità. Ti riferisci alle statistiche qui. Sei disposto ad avere un'opportunita' su 14 milioni di chance di vincere. Cosa stai facendo per essere fortunato domani? O anche oggi? Quando e dove vorresti essere solo fortunato? E poi ti rendi conto della tua felicità? Riesci a percepire ogni momento di felicità che sperimenti ogni giorno? Non pensi che la tua vita quotidiana sia pura felicità per altre persone che non stanno bene? Ogni persona vede qualcosa di diverso nella felicità perché proviene da circostanze diverse, ha vissuto situazioni diverse. Ed è per questo che solo ogni persona può determinare da sola cosa significhi felicità per lui o per lei. Allora, dov'e' la tua fortuna oggi?

Importante per te è: cosa vedi come felicità e dove ti auguri felicità? Cosa fai veramente per questo? Quante volte hai fatto qualcosa per questo? Se tutto ciò che non si fa per la felicità che si fa al contrario per la non felicità, da che parte prevale allora? So che stai certamente pensando, è tutta una questione di interpretazione. Se dovessi pensare, allora sono completamente d'accordo con te. Si', e' una questione di interpretazione. Ma è proprio per questo che dovresti essere in grado di interpretare la felicità per te stesso.

La felicità è una questione di atteggiamento. La felicità è il tuo atteggiamento! Qualcosa che non e' riservato a nessuno. La felicità è qualcosa che ti perseguita quando la cerchi. La fortuna non ha niente a che fare con il caso, ha qualcosa a che fare con lo sforzo. Lo sforzo ti porterà felicità quando tutto il resto ha una pausa. La felicità è un profitto che si può guadagnare. E questa vittoria non è negata a chi è fortunato. La felicità è il prezzo che si ottiene quando si mette il duro lavoro in qualcosa quando nessuno ti guarda mentre lo si fa.

Ci vuole solo un momento per decidere che sei fortunato. Un momento, basta prendere una decisione, siate fortunati.
Ci vuole solo un momento per essere forti, un momento in cui puoi distinguerti dagli altri. Sei fortunato, non importa cosa ci vuole. La felicità è solo una questione di atteggiamento.

La felicita' e' cio' che accade dentro di te quando sei stanco della sfortuna. Quando sei stanco di essere sfortunato. La felicità è quando il tuo desiderio di vittoria, di felicità, di prosperità, di prosperità, è più grande della tua più grande scusa, della tua più grande paura, della tua peggiore abitudine. Ti meriti fortuna! La felicità è tua! Prendi quello che e' tuo!

Diligenza o talento? Cosa vince?

Vince la diligenza. In questo modo possiamo davvero finire il capitolo. La dichiarazione principale è stata fatta. Tuttavia, vorrei approfondire questo fatto per ancorarlo nella tua testa e renderlo parte della tua vita.

Spesso si parla di altre persone che hanno condizioni migliori per tutto. Quello che ha più soldi tra l'altro, ha ereditato abbondantemente o ha genitori ricchi. L'altro è molto bello per natura, è già stato messo nella culla. L'altro è il venditore nato. Se cerchiamo scuse, le troveremo. scuse perche' gli altri lo hanno cosi' facile e tu lo hai cosi' difficile. La parola più velenosa in questo contesto è la parola talento. Quante volte sento che qualcun altro ha talento per qualcosa e che trova tutto più facile. Quante volte sento dire che lei o lui è fortunato e, soprattutto, talento. E' una combinazione, vorrei benedire subito il temporale. Cosa ti porta talento?

Talento significa che puoi fare automaticamente qualcosa di meglio degli altri senza dover fare nulla al riguardo. Lo ammetto, penso anche che ci sia una cosa come il talento. Ma solo se è congenita. Un talento del canto, posso ancora conviverci. Spontaneamente non riesco a pensare ad altri talenti che potrei accettare facilmente come questo. Non ci sono talenti di vendita, tutto è addestrato! Il talento ti rende una persona migliore? Il talento ti aiuta a pagare le bollette? Avete bisogno di talenti per costruire un'azienda? Hai mai sentito parlare di un talento per avviare e vendere un'azienda? Oppure avete sentito dire più spesso che ci sono persone che lavorano sodo, motivate e impegnate che realizzano queste cose?

Potrebbe esserci una cosa come il talento. E alcune persone potrebbero trovare piu' facile fare quello che tu trovi piu' difficile da fare. Ma non è possibile che possano fare le cose meglio automaticamente. Abbiamo parlato di come l'accendino non è sempre meglio. Nemmeno il talento ti aiuta a strappare il culo aperto ogni giorno per i tuoi obiettivi. Se hai talento per il cucito, ma ora ci sono macchine da cucire o stampanti 3D che producono i tuoi vestiti, come può aiutarti il talento?

Il talento ti aiuta solo fino ad un certo limite. Dopo di che, il talento non basta.

A volte hai anche la sensazione che alcune persone ottengano solo il successo? Anche a scuola, c'erano alcuni che non hanno mai dovuto studiare per i loro esami, eppure hanno sempre scritto buoni voti mentre voi lavoravate sodo per voti medi? E' sempre stato ingiusto.

Di tanto in tanto sperimentate che qualcuno fa esattamente lo stesso lavoro come voi e poi ottiene comunque il beneficio? Al lavoro, per esempio? La sua collega sta facendo esattamente la stessa cosa che lei, solo lei ottiene l'aumento o la promozione? O almeno una lode? E uscirai di nuovo a mani vuote.

Sai che gli altri possono fare qualcosa di meglio automaticamente? Riesci molto bene senza dover investire molto? Sul lavoro, nello sport, nelle relazioni..... Alcune persone trovano tutto più facile, mentre tu devi lottare per ogni singolo risultato. E' giusto?

Spesso parliamo solo di questo dannato talento. Il talento è apparentemente un'abilità innata che ti rende molto bravo in qualcosa senza doverti allenare molto o investire molto. Il talento è spesso demonizzato da persone che sostengono di non avere talento. Non sono stati benedetti da Dio con così grandi capacità. Per lei, è tutto un duro lavoro. Progrediscono solo attraverso la diligenza. E per tenere il passo, il talento mancante deve essere ricompensato con ulteriore diligenza.

E spesso la diligenza e l'impegno sono così grandi che non ci proviamo nemmeno a provarci, ma semplicemente lasciamo che siano le persone di talento. Hai una posizione di partenza migliore, comunque. Supponiamo che un uomo di talento sia in concorrenza con uno che lavora sodo. Sia nel campo in cui il talento ha il suo talento. Se stanno lottando per il risultato migliore, chi pensi che abbia il sopravvento?

E' difficile da dire, vero? Probabilmente sei strappato. Naturalmente, l'uomo di talento ha un'ottima posizione di partenza. Ma avere un talento non significa immediatamente raggiungere un ottimo risultato.

Inoltre, l'uomo laborioso non deve essere sottovalutato: Non è dotato di un talento naturale, ma chissà quanta formazione ha completato, quanto tempo e sudore ha investito per fare grandi progressi. L'uomo di talento, che investe moderatamente nel suo progresso, affronta l'uomo laborioso, che brucia per questo e dà tutto per andare avanti. Chi pensi che vinca?

Sono convinto che vince chi lavora sodo. Che ti succede? E' semplice! Perché l'industrioso ha fame, più affamato di quanto il talento possa mai essere. L'uomo laborioso ha già investito molto nel suo progresso. Non pensi che lascerebbe che la vittoria lo prenda ora, vero? Pensi che quello che lavora duramente sia arrivato fino a questo punto per essere il secondo a lasciare la piazza? Non credo proprio.

E la capacità portante? La persona di talento è abituata ad usare la sua capacità di affrontare le sfide quotidiane. Cosi'. Cosi', cosi'. L'uomo laborioso è abituato a lottare duramente per il suo progresso. Se c'è una sfida maggiore per entrambi, la persona di talento può essere sopraffatta perché non è abituata a fare questo lavoro. Questo probabilmente gli porrà una grande sfida.

Il laborioso, invece, è abituato a lottare per qualcosa. Le sfide ancora più grandi non gli creano problemi. Chi pensi che accetterà la sfida in modo più ambizioso?

Credo che tu capisca quello che sto cercando di dirti. Il talento è buono e bello e può aiutarvi ad avere una situazione di partenza leggermente più facile se volete fare progressi. Tuttavia, non importa quanto e quale talento tu abbia. Si perde sempre con il duro lavoro. Brucia di più, è più ambizioso, ha più fame. Questo porta alla lotta diligente di più, perché la vittoria significa di più. E questo porta ancora una volta al fatto che anche l'industrioso vincerà la battaglia.

Il duro lavoro trionfa sempre sul talento. E' sempre stato e sempre lo sara'. Perche' e' la tua testa che ti fa vincere, non qualche talento. Il talento non ti permette di alzarti presto la mattina e andare a letto la sera per lavorare sui tuoi obiettivi. E' duro lavoro e disciplina. Nient'altro. Nient'altro ti motiva tanto quanto il tuo successo, il duro lavoro che metti in qualcosa. E i frutti che raccoglierai sono molto più dolci di quelli che ottieni da qualcosa come il talento o la fortuna.

Disciplina e diligenza ti danno un effetto sempre più duraturo, una base su cui costruire. Il talento ti blocca, non ti fa venir voglia di farti strada. Non c'e' quasi nulla al mondo che non puoi imparare. E' sempre e solo una questione di diligenza e disciplina. E questo ti rende migliore di qualsiasi persona al mondo. Devi solo essere piu' affamato di qualsiasi altro uomo al mondo.

cogliere le opportunità

Questo è probabilmente uno dei capitoli più difficili di cui stiamo parlando. Cogliere le opportunità, lasciarsi alle spalle le opportunità, vedere le opportunità, lavorarci sopra, renderle possibili. Questo è un argomento con il quale si possono certamente riempire libri sui libri. Tuttavia, dovremmo fare qualcosa al riguardo, perché è davvero una parte importante del vostro progetto. Il progetto per migliorare la tua vita.

Non abbiamo bisogno di discutere il significato filosofico di un'opportunità qui. Penso che possiamo essere d'accordo sul fatto che una possibilità di interpretazione positiva è una possibilità, che vi dà nel risultato un risultato corrispondentemente redditizio. La parola caso non è mai usata negativamente (non so dove), ma implica sempre che il risultato può e deve diventare positivo. Ecco perché lo associamo sempre e solo ad opportunità davvero buone per noi. Ci consideriamo in grado di preservare le grandi opportunità e di sfruttarle al meglio.

Probabilmente stai anche cercando di avere delle possibilita'. Opportunità che ti portano avanti, che ti fanno bene, che fanno accadere le cose per te. Tuttavia, la vostra disponibilità a cogliere le opportunità è limitata. Non e' vero? Perché si valuta sempre in anticipo quanto è buona questa opportunità, se vale la pena di prenderla e a quali rischi o, chiamiamola disagi, è associata. La possibilità più conveniente è certamente quella di ottenere il massimo rendimento con il minimo sforzo e il minimo rischio. Si adatta, vero?

Sono d'accordo con te. Perché complicare quando può essere fatto facilmente? Se riesci a raggiungere il tuo obiettivo senza dover fare molto per esso, allora è certamente (e sono convinto che lo sia) molto meglio che se è molto scomodo o se devi sacrificare molto per questo. Perche' dovrei farlo io se non devi farlo tu? Penso che finora abbia senso.

Quindi qui abbiamo fondamentalmente diversi tipi di opportunità che non potrebbero essere più diverse. O dobbiamo trovare opportunità davvero buone, o ci devono essere offerte opportunità in cui assumiamo rischi minimi e riceviamo un rendimento elevato, o dobbiamo trovare opportunità più piccole ma anche a basso rischio. Oppure possiamo trovare quelli che sono più rischiosi, ma anche fornire un buon ritorno, e cercare di ridurre o eliminare il rischio il più possibile. Penso che possiamo limitare la scelta a due possibilità. Le grandi e le piccole casseforti. Se abbiamo la scelta tra basso rischio e alto rischio, prenderemo certamente il basso rischio se il ritorno è lo stesso.

Se ora dovete decidere tra questi due: state cercando grandi, sicure occasioni o piccole, sicure occasioni? Non importa cosa stavate cercando e cosa vi sembra più utile e confortevole per voi. In breve, quali di questi casi sono più frequenti? Grandi opportunità, che sono sicure, o possibilità minori, che sono anche ben fattibili, forse, tuttavia, forse, anche un po 'più scomodo potrebbe essere? Pensa a quante possibilità hai incontrato finora.

Probabilmente il plurale è rappresentato dalle piccole probabilità, giusto? Cosa significa questo per te? Ci sono molte più piccole opportunità che sono spesso a basso rischio, ma a volte anche piuttosto scomode, che opportunità più grandi che non richiedono quasi nessun rischio. Sono sicuro che questo non è solo un fenomeno che si affronta, ma che tutti conoscono. Quindi ciò che conta ora è ciò che estraiamo da queste informazioni.

Dovresti piuttosto aspettare per queste grandi occasioni o cercare di usare quelle piccole nel miglior modo possibile? Il testo della domanda ti dice dove sto andando a parlarne. Voglio che tu prenda le piccole occasioni e trasformi quelle piccole occasioni nella tua grande occasione. Prima di mettere via questo libro annoiato, fidati di me e dammi qualche minuto in più del tuo tempo in modo che io possa raccontartelo. Vi prometto che questo sarà il consiglio migliore e più concreto che posso darvi e che cambierà la vostra vita. Ne sono sicuro.

Quindi, siamo d'accordo sul fatto che le piccole opportunità sono molto più frequenti di quelle più grandi. E le possibilita' piu' rischiose sono piu' scomode per te che non le probabilita' sicure. Giusto? Ebbene, abbiamo già parlato in un altro contesto del fatto che un maggiore rischio è solitamente accompagnato da un maggiore profitto. Ora, naturalmente, la questione è come trarre il massimo beneficio da questa situazione. E 'quindi più sensato concentrarsi sulle piccole opportunità, dal momento che si verificano semplicemente nella moltitudine e probabilmente innescare un effetto maggiore nelle masse rispetto ai singoli, poche grandi opportunità. Molto semplicemente perché si ha anche una maggiore possibilità di profitto attraverso l'effetto della massa, soprattutto se si possono sfruttare l'un l'altro se necessario. Se già approfittate di un'opportunità e ne approfittate meglio, avete più soldi o siete più ricchi di un'esperienza, questo apre la porta ad ulteriori opportunità. Le vecchie opportunità che si presenterebbero a te rimangono perché tu mantieni la struttura di base ed erano già possibili prima. Ma essendo un passo avanti ed essendo in grado di creare valore aggiunto per te stesso da un'opportunità, indipendentemente da quale rispetto, genererà anche nuove opportunità per te. Quindi si favoriscono a vicenda. Questo è quello che io chiamo l'effetto degli interessi composti delle opportunità. Più possibilità hai, e più possibilità trasformi, più possibilità avrai e più possibilità avrai e più possibilità avrai. E più possibilità avete in generale, più alta è la probabilità che otterrete la grande opportunità a basso rischio, giusto? Con la tua nuova esperienza, con i tuoi più soldi, con il tuo plus in abilità, sarai in grado di aprirti a nuove opportunità e cercarle dove non ne avresti mai riconosciuto nessuna prima. E questo, naturalmente, rivela, puramente secondo le leggi matematiche della statistica, una possibilità molto maggiore di ottenere la grande opportunità veramente perfetta.

Inoltre: viene sempre data la possibilità di fallire in un'opportunità. Questo significa anche che senza aver veramente trattato l'argomento, si potrebbe perdere anche una grande opportunità a basso rischio. Quello che forse aspettavi da anni. Sarebbe doppiamente fastidioso, ovviamente. Quindi, potreste preferire di utilizzare alcune piccole opportunità per dimostrarvi, e persino utilizzarle con successo per portare le risorse e le esperienze che avete raccolto per sostenere proficuamente le nuove, forse più grandi opportunità e rendere più probabile un risultato finale positivo.

Pensatelo come un calcio: Preferirebbe avere una grande opportunità contro la squadra avversaria o molte possibilità minori? Si può anche dare una grande opportunità. Dopodiché, è tutto. Se il tuo avversario segna un gol, questa è una sconfitta sicura per te. Con molte piccole occasioni, il pericolo di non segnare un gol può essere ancora maggiore, ma si ha ancora la possibilità di segnare un gol dopo poche opportunità. Soprattutto perché si può vincere un pareggio o anche da una sconfitta. E si può sempre ottenere di meglio dalle proprie piccole occasioni, in modo che si può anche elaborare una grande opportunità da una piccola occasione. Capisci il quadro che c'è dietro?

Con un'unica grande opportunità, dipende da come si prende quella decisione in quel luogo in quel momento. Se non li colpisci in modo ottimale, la possibilità è finita. E stai aspettando anni o decenni per un'altra occasione come quella. Che aspetto ha quando si guarda ad una piccola possibilità? Cerca di trasformarli. Che abbia successo o meno, la prossima possibilità minore non tarda ad arrivare.

Le probabilita' sono reciproche perche' si passa da una all'altra. E chi dice che non si può correre un piccolo rischio alla perfezione? Come nel calcio, avete la possibilità di fare una buona mossa e fare un attacco pericoloso ad ogni piccola occasione. Puoi sempre migliorare il tuo attacco, in modo che anche le piccole occasioni diventino grandi opportunità. E quando sei pronto ad essere molto sicuro di te stesso e hai trasformato ogni piccola opportunità in una grande opportunità, allora, sì, sei pronto a trasformare anche le grandi opportunità. Perche' fai una grande occasione per ogni piccolo!

Cosa dovrebbe dirti tutto questo? Concretamente, non sprecare la tua vita ad aspettare: In attesa della decisione giusta, in attesa dell'occasione giusta. Non la troverai perché non la cercherai se aspetti. E anche se viene, non la riconoscerai. Il vostro sistema di rilevamento delle probabilità è completamente addormentato, anche atrofizzato, se non continuate a cercare possibilità. Anche la piu' grande possibilita' si sfrigola senza che tu te ne accorga. Quando lo cerchi, troverai sempre cose più piccole che possono catapultarti verso l'alto.

Se state cercando la felicità, se state cercando il quadrifoglio, allora dovete iniziare a cercare come requisito di base. E in questo modo troverete sicuramente dei fiori più belli che vi condurranno in altri campi di fiori. E troverete questi fiori così belli che troverete piante ancora più interessanti nei nuovi campi. E tu cerchi le loro radici e loro ti portano in un campo dove ci sono molti fiori perfetti. E sei contento di averli trovati perché ti sei coinvolto ed eri aperto a questi nuovi fiori. E poi vuoi sceglierne uno e portarlo a casa. E ci si piega verso il basso, spingete dolcemente da parte lo stile floreale e improvvisamente, in fondo, si trova il quadrifoglio a quadrifoglio.

Una è la grande occasione, l'altra i tanti piccoli. Un sacco di piccoli possono darti una grande opportunità. E poi vi sarà dimostrato che li riconoscete e li trasformate. Devi cercare, perche' solo chi cerca trova. Quindi cosa dovresti fare concretamente? Cercate! E poi cosa? Dovresti perfezionarti nel trasformare anche piccole occasioni. Questo vi darà l'effetto opportunità/interesse desiderato e ridurrà anche il rischio di cui abbiamo parlato all'inizio. Hai quasi dimenticato che esiste una cosa del genere, vero? Esatto! E questo e' il punto. Se ad un certo punto sei così brillante e hai perfezionato il processo di trasformazione delle opportunità, allora non noterai più i rischi perché non sono più visibili per te. E sai come si chiama questo fenomeno? Si chiama routine! Un'azione che si può eseguire senza doverci pensare molto per produrre risultati realizzabili. Se questi risultati sono il prodotto di opportunità che ti portano avanti, e tu sei esperto nel completarle con successo..... dove ti porteresti?

No, sul serio, dove ti porteresti? Scrivilo qui, per favore. Massimo 5 frasi.....

Vedi dove tutto questo può portarti, e senti il potere addormentato dentro di te. E ora sapete al più tardi perché è importante utilizzare anche le piccole opportunità: Perche' e' molto piu' probabile che ti dia le grandi probabilita'.

I problemi sono sfide

Le parole dicono solo chi vuoi essere. Puoi dire chi sei per quello che fai.

Pensate ai problemi e scrivete tre problemi tipici che incontrate più e più volte, che avete già incontrato o che potreste incontrare:

Poi scrivete tre sfide che dovete, dovevate o potreste dover affrontare regolarmente:

Il problema di parola innesca una cascata di sentimenti negativi negli esseri umani. Anche se non lo notiamo, questa parola forma un tale quadro negativo di associazione nel nostro subconscio, in modo da "spaventare" sempre qualcosa al nostro interno con questa parola. E perche'?

Semplicemente: perché un problema ci pone sempre una sfida e i problemi sono di solito spiacevoli. Non esiste un esempio in cui un problema può essere considerato a metà strada positiva. I problemi sono sempre stressanti, opprimenti, sgradevoli, sgradevoli. Ed è quello che ha capito il nostro cervello. Pertanto, non appena sentiamo questa parola, passiamo sempre direttamente al confronto, al rifiuto o ad altri meccanismi di difesa a nostra disposizione.

E' un pensiero che di certo non ci porterà da nessuna parte. Non solo perché non ci permette più di pensare in modo chiaro e orientato alla soluzione, ma anche perché ci demotiva a fare il passo successivo. I problemi sono sempre gravosi.

La situazione è diversa quando i problemi non sono più percepiti come tali. E la parola chiave è già caduta. Diventa più interessante per voi quando i problemi diventano sfide. Stai pensando: "Questa e' solo un'altra parola." A grandi linee, hai assolutamente ragione! Ciononostante, devi ammettere che la parola sfida ti fa sentire completamente diverso dalla parola problema, vero? Anche se accade per la maggior parte nel subconscio, una piccola parte di esso lampeggia nella vostra coscienza e vi dà un'associazione completamente diversa.

Di cosa hai scritto per ogni parola? In che cosa differiscono? Non posso sapere cosa ha scritto in questa sede, ma so che lei guarda a questi due gruppi in modo diverso. Forse hai reso le cose facili per te stesso e hai riempito entrambi i contorni allo stesso modo. Forse hai notato la differenza, però.

I problemi sono davvero stressanti, pesanti, creano in te una sensazione spiacevole. Pesano pesantemente su di te o sulla tua situazione. Se potessi, saresti largo del bersaglio. Le sfide, invece, sono impegnative. Certo che hanno bisogno di risorse, ma tu pensi che siano sicuramente creabili. E sei abbastanza sicuro che lo capirai anche tu, vero? Le sfide non sono così difficili, psicologicamente parlando, non sono così stressanti, perché associamo sempre una sfida alla possibilità di trionfare. In sostanza, questo ci dà una sensazione migliore per l'intero approccio.

In caso di problemi, dubitiamo se e quale sarà l'esito. Speriamo per noi il meglio, ma non ne siamo sicuri. E' diverso con le sfide. Siamo più che mai convinti che ce la faremo. C'è ancora un po' d'aria.

E ora arriva il trucco: se abbiamo detto sopra che i problemi ci pongono delle sfide, allora le sfide non sono altro che il risultato di problemi. Quindi per noi significa che ogni problema porta ad una sfida, ma non ogni sfida porta ad un problema. Quindi cosa si può imparare concretamente da questo? E' semplice! D'ora in poi, non ci saranno più problemi per te. Perché non hanno più l'autorità di esistere. E' una parola inutile, un fatto fuorviante, quando ogni problema finisce in una sfida. Attraverso questo approccio, che ogni problema è solo una sfida, sarete in grado di percepire il mondo con occhi completamente diversi.

Le sfide ci sfidano, ci solleticano tutto da noi, ma noi siamo disposti a dominarle perché siamo determinati ad emergere vittoriosi. Sappiamo di poter affrontare quasi tutte le sfide: E' un concorso, un concorso con e su noi stessi. E l'uomo ama la competizione perché ama confrontarsi. Ama anche essere sfidato e uscirne sempre meglio.

Cosa succede se ora vedi tutti i tuoi problemi come sfide? In primo luogo, siete disposti ad affrontarli e a combattere per affrontare questa sfida. In secondo luogo, siete alla ricerca di soluzioni perché potete e volete affrontare questa sfida.

Non ti chiedi più perché stai affrontando questa sfida e se riesci a dominarla, ma pensi a come puoi vincere questa sfida. Scambia sempre la parola "se" con la parola "come". Il "come" presuppone che tu lo faccia, non è chiaro in che modo. La parola "se" permette anche il fallimento. E il fallimento non è un'opzione di cui dovresti essere soddisfatto. Quindi stai attento a chiedere solo come si fa qualcosa, non se si fa qualcosa.

Principio di Pareto

Il principio di Pareto dice che si può raggiungere l'80 per cento del risultato con uno sforzo del 20 per cento. Per il restante 20% del risultato è necessario l'80% dello sforzo.

Questo principio non è scelto a caso, ma è un fenomeno che si osserva di continuo. In linea di principio, ci insegna due cose: cose che sono al 100% orientate ai risultati e di straordinaria rilevanza richiedono il pieno impegno al 100%. Poiché sono quindi anche molto dispendiose in termini di risorse, lo sforzo per queste attività deve essere sempre proficuo.

Quali sono le vostre attività per le quali dovete dare il 100%?

Scrivilo qui:

In quali attività ritiene che l'obiettivo dell'80% sia sufficiente per raggiungere l'obiettivo? Si tratta di compiti che possono essere eseguiti regolarmente o che sono molto adatti a questi requisiti in termini di portata e requisiti. Un esempio prudente: un compito a casa che non viene valutato e rappresenta un compito di pura presenza può essere elaborato secondo il principio di Pareto. Ti farà risparmiare tempo e nervi. Una Master-Thesis dovrebbe ottenere il 100%. Questa non è una raccomandazione a lavorare sulle faccende domestiche che non vengono valutate con poco sforzo. E' molto più una questione di relazione tra le diverse priorità.

Che senso ha? E perché il principio di Pareto può portarvi molto? Spesso sei troppo occupato con cose poco importanti, che non ti preoccupano affatto, non ti rendono felice o non ti fanno progredire. Spesso ci si perde troppo nei dettagli per qualcosa che non è importante per voi o che non influenza voi e la vostra vita o quella degli altri. E queste cose semplicemente sprecano tempo, denaro e nervi inutilmente, che poi mancano nelle cose veramente importanti.

Per questo motivo, è utile se si scrivono alcune cose che richiedono solo il 20% di sforzo, e che l'altro 80% ha ancora bisogno.

Pensate a quali cose si possono fare dopo l'80/20 (risultato dell'80% con uno sforzo del 20%) e annotatele qui:

Inoltre, pensate a quale delle vostre cose scritte vi sarà veramente d'aiuto.

Ora avete una panoramica di quali processi sono importanti per voi e quali sono meno importanti per voi. Pensare consapevolmente attraverso le vostre attività vi dà la consapevolezza di ciò che vi muove veramente in avanti, ciò che è importante per voi, e ciò che è solo una perdita di tempo. Poiché un risultato dell'80% non significa che lasciate qualcosa di incompleto o che fate qualcosa senza attenzione, significa che non dovete perdervi nei dettagli e che il tempo che guadagnate è investito in qualcosa di veramente importante e significativo per voi.

Ma almeno voglio il successo? Il successo è solitario.....

...o seleziona le persone della tua vita che non ti sostengono. Come in tutto il mondo, tutto è una questione di opinione, di pura interpretazione. L'impulso all'autorealizzazione così spesso demonizzata, la totale dedizione al successo e al lavoro costante, tutto questo porta al fatto che a un certo punto non si hanno più amici e si rimane soli. E' questo che pensi? Ammettilo. Potresti averlo pensato o non averlo fatto. Il fatto è che questi pregiudizi sono incredibilmente inutili e, come spesso accade, vengono approfonditi da persone che non sono disposte a lottare per i loro obiettivi e preferiscono parlare male delle cose e deriderle piuttosto che occuparsi della realtà.

Siamo onesti: sei davvero convinto che perderai i tuoi buoni amici se ora dai il massimo del ritmo per raggiungere i tuoi obiettivi? Si rivolteranno contro di te e ti troveranno stupido se vuoi realizzare te stesso e lottare duramente per i tuoi obiettivi? Pensi che sia stupido di per sé? O preferirebbero trovarlo invidiabile, disciplinato, coraggioso, e non solo rispettare il tuo lavoro, ma anche valorizzarlo? Non importa cosa fanno i tuoi amici di queste cose, cosa vuoi che facciano? Vuoi che si togliano il tuo lavoro e denigrano il tuo successo? Oppure spera di ricevere sostegno, motivare con parole, rispetto e, se necessario, riconoscimento per ciò che ha ottenuto?

Ci saranno sempre persone che non vorranno lasciare la loro zona di benessere e diranno di non poterlo fare. Stronzate, perche' tu sei l'esempio vivente di come funziona adesso. Ci saranno sempre persone che parleranno male degli altri per farli sentire meglio se stessi. Perche' se stai da solo al piano di sotto, fa freddo e solitudine. Così si cerca di mantenere tutti quelli che si potrebbe in qualche modo influenzare verso il basso in modo da essere in società e si può imbiancare la negatività e la tristezza attraverso quella società. Ci saranno sempre persone che sono insoddisfatte della loro vita, ma che preferirebbero rendere insoddisfatti anche voi, in modo che non siano soli. Come soluzione auto-creata, invece di cambiare qualcosa da soli.

Ma ci saranno sempre persone che apprezzeranno il lavoro che fai. Ci sono persone che ti rispettano, ti accettano, ti ammirano. Ci sono persone che ti incoraggiano, ti motivano, ti accompagnano, indipendentemente dalla loro posizione.

E ci sono persone a cui non interessa il valore aggiunto che offri agli altri, le cose che crei e il lavoro che fai. Si tratta di quanto ci si possa fidare di te e di quanto sia stretta la tua relazione.

Di chi vuoi circondarti? Senza essere un chiaroveggente, sospetto che lei voglia circondarsi del secondo e del terzo tipo di persone. Ma lo stai gia' facendo? È meschino, a volte offensivo, ma mai ingiusto, preoccuparsi del tipo di persone con cui ti stai circondando. Per questo motivo dovreste pensare a quali persone vi sono vicine e di cui volete circondarvi. E poi vedere quanto questi due formano un'intersezione comune.

Che tipo di persona pensi che rappresenti il secondo e il terzo gruppo? Persone insoddisfatte della loro vita, che non si mettono d'accordo, che sono pigre e non mostrano iniziativa? Forse sono in parte persone che si trovano nel terzo gruppo. Ma quanto pensi che queste persone siano motivate ad aiutarti se non fanno progressi da sole? Questo sta diventando piuttosto meschino ora, ma quanto pensi che queste persone possano motivarti e aiutarti a raggiungere i tuoi obiettivi? Posso immaginare che, in una certa misura, sarà limitata in termini di efficacia delle sue azioni. E prima di ricevere molte lamentele ora, vorrei confermare che le amicizie riguardano sempre il valore dell'amicizia e non il valore che si può estrarre da soli. Fortunatamente, sono d'accordo. Ma a seconda del carattere delle vostre amicizie, dovreste distinguere con chi discutete quali cose e da quali relazioni dovreste trarre più valore e da quali dovreste trarre meno valore in termini di fame di successo.

In un linguaggio semplice significa: se avete persone in un ambiente che sono pigre e non coinvolte, non dovreste parlare loro della vostra strada verso il successo. Puoi provarci, ma avrai solo negatività e critiche. Queste persone non vi daranno altro che distruttività e dispiacere in questo settore. Non lo fanno intenzionalmente (ma soprattutto non lo fanno), ma il loro cosmo non permette nessun'altra opinione. Questo è fatale, ma purtroppo l'atteggiamento di molte persone là fuori. Con queste persone ci si può divertire e prendersi cura di altre cose in questo mondo. Ma non quando si tratta di pensare al successo. Puoi divertirti con loro in altri ambiti della vita. E' fantastico. Ma devi aver identificato almeno una volta queste persone in modo da sapere cosa si può e non si può apprezzare di loro.

Altre persone sono affamate di successo. Essi stessi si impegnano per lo sviluppo e cercano opportunità e sfide. Non solo ti capiscono molto bene, ma vogliono anche portarti più lontano. Conoscono la legge dell'attrazione: chi fa del bene farà di nuovo del bene. Ci tengono molto a te e alla tua realizzazione personale perché sanno che ti renderà una persona felice. E poiché hanno avuto o vogliono avere questa esperienza, è logico che anche loro siano disposti a sostenervi. Pensi di poter parlare del tuo sviluppo con questo tipo di persone, o anche meglio, con questo tipo di persone? Se la tua risposta era ora intuitivamente SI', allora hai assolutamente ragione! Con questo tipo di persone si può costruire una relazione molto stimolante e creatrice di valore. Ti fara' avanzare perche' anche tu farai avanzare lei. Si chiama "dare e ricevere". Non credo di non dover spiegare piu' il principio che sta dietro a tutto questo. Naturalmente questo tipo di persone saranno in grado di motivare meglio, ispirare di più e soprattutto sostenere meglio quando si tratta di successo. Queste non sono le persone migliori di per sé, ma semplicemente il tipo di persona che può aiutarvi in questo settore.

Altre persone possono essere in grado di completarti in altri settori e tu apprezzi le loro qualità, ma quando si tratta di scambio di valore che crea valore per il tuo successo, la scelta è diversa.

Per favore non fraintendetemi: dovreste avere ogni tipo di persona come amico con cui vi piace trascorrere del tempo e che vi fa bene, ma dovete distinguere chiaramente quale persona potrebbe e dovrebbe darvi consigli in quale settore. E poi si dovrebbe solo cercare lo scambio nel rispettivo settore con le persone di cui si è convinti che vi porterà oltre, o attraverso un buon feeling, un'influenza positiva o un beneficio diretto e creatore di valore. Non importa che tipo di rapporto hai con i tuoi amici, devi solo sapere cosa hai da loro e viverlo.

Perché non c'è niente di peggiore in questo mondo che avere intorno a sé persone che vogliono vederti fallire. Fallimento, perché essi stessi non sono in grado di uscire dalla loro zona di comfort e di avere la loro vita sotto controllo. Fallire perche' non vogliono stare da soli al piano di sotto mentre tu stai salendo. Vogliono vederti fallire perché è molto più facile che salire da soli. Ma rimarranno sempre dove si trovano ora e non conosceranno mai la sensazione di ciò che significa davvero essere felici, non sperimenteranno mai ciò che la vita tiene veramente aperto per loro. Non c'è motivo di ascoltare queste persone, non c'è motivo di vivere secondo i loro principi. Il percorso che stai percorrendo è pieno di sfide e opportunità per le quali puoi mettere a frutto le tue forze. Non lasciare che la gente nella tua vita ti rubi la forza. Non lasciare che la gente ti trascini nella tua vita. Non persone che vogliono distruggerti.

Sì, il successo può farti sentire sola. Ti separa dalle persone che non vogliono niente di buono per te. Li seleziona e basta. Potrete (essere in grado di) rimanere in contatto con troppe persone quando vi renderete conto che tutto il resto intorno a voi è giusto con questo rapporto, ma non con l'idea del successo. Va bene, ma lei o lui non sarà il tuo compagno sulla strada che hai scelto. Il successo ti rende solo, perché solo i pochi sono disposti a lasciare il loro conforto. Cercheranno di tenerti piccolo, per spegnere la fiamma che brucia in te. Non vogliono che tu abbia successo, anche se "inconsapevolmente", perché è scomodo per loro confrontarsi con esso, perché si sentono soli e perché dà loro la sensazione di essere soli. Nessuno sarà più lì a cercare scuse con loro, a dipingere il mondo di nero e a bagnarsi nell'insoddisfazione. E per "stare bene" in teoria, lì. Il successo ti rende solo perché sei pronto a fare un passo sul gas, ad andare avanti e a vivere la vita che ha da offrirti. No 95-lavoro, non correre dietro le bollette mensili e andare a lavorare per avere a servizio di queste passività per tutta la vita. Ecco perché il successo è solitario. Sei pronto ad accettare questa solitudine?

SI', E' VERO, ALLORA. IL SUCCESSO TI RENDE SOLO. MA NON TU, MA LE PERSONE CHE NON SONO PRONTE A FARE QUALCOSA DELLA LORO VITA.

Si sentono soli perche' hanno scelto la loro strada per rimanere li'.

Sei un lupo. E quell'espressione dice che sei affamato, che sei disposto a combattere ad ogni costo. Un lupo è un vincitore. Ma un lupo è anche un animale da soma. E se sei un lupo, troverai il tuo branco di lupi. Il tuo gregge che ti protegge, che ti porta avanti, che ti aiuta a trarre il massimo vantaggio da te stesso. E la cosa migliore è che scegli il tuo gregge. Ci saranno sempre persone nella tua vita che ti sosterranno, che ti daranno valore e che ti porteranno incredibilmente oltre. Ma ci saranno sempre persone che non ti aiuteranno, che vogliono vederti fallire, che ti trattengono. Dimostrare loro che si sbagliano!

Decidi tu di quali persone ti circondano. Decidete voi stessi con quali persone vi scambiate. Ma non puoi influenzare direttamente che tipo di persone entrano nella tua vita. Imparate ad identificare queste persone e imparate a decidere quale persona dovrebbe accompagnarvi lungo il vostro cammino.

Il successo ti rende solo perché molte persone non capiscono cosa significa dispiegare te stesso. Il successo è solitario perché molte persone non si rendono conto di ciò che la vita ha in serbo per loro. Il successo è solitario perché molte persone non sono disposte a combattere per qualcosa come te. Il successo ti rende solo perché non capiranno perché lavori invece di guardare la TV o perché fai sport invece di feste a prezzo fisso. Non capiranno perché vuoi avere successo. Ma credimi, vogliono una fetta di torta quando arrivi lì.

Il successo è solitario, seleziona le persone che vogliono portarti al fallimento. Il successo e tutte le sue sfaccettature, che porta con sé, assicurano automaticamente che le persone che ti danneggiano ti lasceranno automaticamente. Quanto sei triste per questa perdita?

Con che tipo di persona vuoi parlare? Che tipo di persona ti piacerebbe avere con te? Decidi tu!

Sii felice quando sei solo

Probabilmente hai già sentito dire che devi essere felice e contento di te stesso per poter amare gli altri in un modo che conta davvero. Cosa ne pensi di quella dichiarazione? Sei convinto che sia cosi', o pensi che siano stronzate? Si prega di rispondere alle seguenti domande prima di procedere.

Sei felice quando sei solo?

Ti senti solo quando sei solo?

Sei da solo forte come in un gruppo

Puoi passare del tempo con te stesso?

Puoi goderti il tempo da solo?

Preferite il lavoro di gruppo al lavoro individuale?

Cosa fai quando sei da solo?

L'uomo è un animale da allevamento. Siamo noi stessi o siamo dell'opinione o ci troviamo spesso di fronte a questa affermazione. Questo significa che in circostanze naturali preferiamo sempre essere in un branco, cioè circondati da altre persone, piuttosto che essere solitari. E questo è anche vissuto attivamente nella nostra società. La capacità di lavorare in gruppo, di cui abbiamo bisogno sul lavoro, va di pari passo con la desiderata diversificazione di tutte le età, religioni, origini, professioni e visioni. "Insieme siamo forti" è il motto. Ma e' davvero cosi'?

Penso, francamente e onestamente, che sia vero e che sia proprio così. Penso che attraverso la diversità e il lavoro di squadra possiamo spesso ottenere molto di più che se siamo tutti in sintonia con noi stessi. Perché in una squadra molti punti di forza possono essere combinati tra loro, il che significa che le possibili debolezze di una persona possono essere compensate dai punti di forza dell'altra persona. All'inizio sembra fantastico. Lo e'. Ma questo non significa semplicemente che sei forte solo come squadra o che dovresti essere felice solo quando sei nella tua mandria. Il detto "Amare se stessi prima di poter amare gli altri" assume un significato completamente nuovo quando si iniziano a scoprire i benefici che ne derivano per se stessi e per gli altri.

Avete mai avuto una relazione, una partnership o qualsiasi tipo di cooperazione in cui voi o il vostro partner era totalmente infelice e la relazione era equilibrata e felice? Penso che anche se non hai ancora avuto questa esperienza, puoi immaginare che non funzionerà, almeno non nel lungo periodo o non molto bene. Le ragioni di ciò sono sufficienti: prima di poter lavorare proattivamente sui cantieri del rapporto, è necessario affrontare le proprie difficoltà da soli. Entrambi mancano di forza e/o resistenza. Queste sono relazioni che finiscono con le parole: "Non dipende da te. "Dipende da me." Prima di poter essere felici in una relazione o cooperazione, è necessario essere felici e soddisfatti di se stessi. Ha senso per te? Sei della stessa opinione che devi essere in pace con te stesso per avere l'opportunità di investire di più in una relazione?

Non è diverso per il tuo successo. È difficile impegnarsi in modo produttivo nella cooperazione se non si possono davvero abbracciare i propri obiettivi. Non puoi cucinare per una famiglia allargata se non ti piace il tuo cibo. Certo che puoi, ma e' meglio di no. Le squadre e le dinamiche di gruppo lavorano molto bene e offrono un incredibile valore aggiunto, ma solo se l'individuo è soddisfatto di se stesso. Fedele al motto: "Sii felice quando sei solo".

Durante la salita, non troverete sempre molti compagni. I veri compagni, i partner leali, non ti incontreranno in gran numero. Ed e' una cosa buona. Perché allora puoi concentrarti completamente sui tuoi REALI obiettivi e camminare proprio verso di loro. Prima o poi troverete anche ottimi compagni, con i quali potrete beneficiare della simbiosi. Tuttavia, devi imparare ad essere felice quando sei solo. Perché essere soli non significa essere soli. Essere soli significa essere diversi dalla maggior parte delle persone. E siccome vuoi una vita diversa da quella della maggior parte delle persone, significa per te che essere soli è un indicatore del fatto che stai facendo qualcosa di diverso. E questo è sicuramente un buon segno, in primo luogo. Per ottenere altri risultati, bisogna prima di tutto agire in modo diverso, nel bene o nel male, e la cosa principale è diversa. Quando sei solo, questo dimostra che sei disposto a fare cose che gli altri non fanno. Ti dà la possibilità di distinguerti. Essere soli è essere straordinari. Per questo riceverai riconoscimento, invidia, umiltà, umiltà, ogni tipo di conferma. Anche se è una critica, è la conferma che sei diverso. E quando sei diverso, spesso sei solo. Perche' lo stai facendo in modo diverso. Perché fai di più. Perche' tu vuoi di piu'. Essere diversi e' fantastico. Da solo e' fantastico. Essere soli non significa essere soli, significa essere soli, significa essere diversi, essere indipendenti.

Capisci perche' e' bello essere soli? Capisci perché dovresti essere felice quando sei sola? Se consideri questo fatto e sei felice da solo, quindi la tua forza non è definita da un gruppo o da una mandria, ma è forte da solo, avrai un incredibile potenziale per mantenere la tua fiamma che brucia anche in un gruppo.

Impara ad essere felice. E' il tuo momento. E 'tempo che avete per voi stessi di lucidare se stessi, di concentrarsi e adottare un nuovo approccio. Imparare a rendere il vostro tempo significativo voi stessi, perché non sempre siete circondati da persone che vogliono, possono o dovrebbero portarvi oltre. La strada per il successo andrete in parte da soli, ne sarete felici. Ma siate anche felici e grati quando trovate lealtà, quando trovate persone che continuano ad accendere il vostro fuoco. Se sei felice da solo, sarai felice anche se si presenta un compagno. Questa è la chiave. Non si sa mai quando o perché altre persone lasceranno la tua vita. Volontariamente o involontariamente. Ma si può sapere quando fermarsi o quando dare tutto.

Sii felice quando sei solo. Sii grato quando sei in squadra. Entrambi trarranno beneficio l'uno dall'altro.

Meglio decidere in modo intelligente che guidare in modo intelligente

Certo, il titolo è praticamente la cosa più orribile che avrei potuto realizzare. Eppure, credo che abbia afferrato bene il punto in questione. Quindi proviamoci e vediamo se sei d'accordo con me.

Prima di tutto: questo titolo ha un significato simbolico. Gli Smarts sono grandi ed economiche auto per il traffico cittadino e non voglio fare alcuna valutazione di questo veicolo in nessuna circostanza.

Allora, cosa dovrebbe dirti quella frase? Cosa sono le decisioni intelligenti? Smart è ora molto utilizzato in tedesco in relazione a decisioni intelligenti e ben ponderate. Le decisioni intelligenti sono quelle che ti danno un vantaggio. Quindi sono le decisioni "migliori". Come si determina se una decisione è o era migliore o peggiore? Molto semplice: Guarda l'uscita. Guarda il nesso immediato tra la tua decisione e il tuo risultato. Qual e' il risultato della tua decisione? Se si tratta di un risultato immediato, avete già la risposta qui. Se il risultato (per voi!) è buono, allora la decisione è stata intelligente. Se il risultato non è buono, allora la decisione non è stata intelligente, ma anche non sbagliata. Perché non sbaglia? Perché, come abbiamo già detto, potete trarre la vostra esperienza da qualsiasi situazione. E questa esperienza vi aiuta ad affrontare le situazioni future. Ciò significa che anche gli errori non sono decisioni sbagliate, ma solo decisioni peggiori o non intelligenti. E questo significa anche che di tanto in tanto dobbiamo prendere decisioni non intelligenti per acquisire esperienza e migliorare. Oh, credimi, li incontrerai piu' e piu' e piu' volte, non devi preoccuparti di questo. Quindi non rimpiangere qualsiasi decisione che hai preso, soprattutto se hai pensato al momento in cui l'hai presa che fosse quella giusta. Che sia intelligente o meno, il risultato è buono o l'esperienza è importante.

Tuttavia, se non si ottiene un risultato immediato dalla vostra decisione, ma ne segue un processo, allora il progresso di quel processo descrive se avete preso o meno una decisione intelligente. È irrilevante se il processo risultante è semplice, pesante, lungo o corto, costoso o poco costoso. Ciò che è importante qui è quali cose si imparano direttamente da esso e quali risultati si producono con esso. E anche in questo caso possono verificarsi degli errori. Ma come sicuramente sapete: Stupido non è quello che commette un errore, ma quello che commette un errore la seconda volta. Quindi, valutate sempre i processi di follow-up sulla base della qualità che vi forniscono nel seguito. Anche un processo lungo e costoso può rivelarsi ideale per voi.

Finora, tutto bene! Allora, quali sono le scelte intelligenti ora? Le decisioni intelligenti sono quelle che ti danno immediatamente un risultato positivo per te o portano ad un processo che ti darà un risultato positivo per te. Un risultato positivo consente di trarre profitto direttamente, sotto qualsiasi punto di vista. Un errore può anche essere un risultato positivo, perché è solo una questione di considerazione e se si tratta del primo errore di questo tipo. Se e' la seconda volta, non e' stata una decisione intelligente.

Cosa c'entra tutto questo con uno Smart? Beh, da un lato un gioco di parole è stato possibile, anche se molto cattivo, e dall'altro lato questa immagine dovrebbe farti capire che attraverso decisioni intelligenti hai una leva molto grande per produrre un risultato se necessario, che ti porta oltre e ti permette di non dover guidare una Smart se non vuoi. E' tutto quello che c'era da dire.

Naturalmente, vi preoccupa il fatto che facciate scelte prevalentemente intelligenti. Decisioni di dolore ma non astute dopo. Da questi imparerete e non commetterete questo errore una seconda volta. Quindi la prossima volta, nella stessa situazione, prenderai una decisione intelligente. Questi, a loro volta, vi faranno guadagnare più velocemente, in modo più chiaro, più efficace o più efficace.

Le decisioni intelligenti portano a un valore aggiunto immediato o a un processo che porterà quel valore aggiunto per voi. Quindi: rendetevi conto della natura delle vostre decisioni. Quando e in quali situazioni avete già preso decisioni intelligenti? E quali incontrerai nelle situazioni appropriate? Quali decisioni non intelligenti puoi trasformare in esperienza per aumentare il tuo tasso di successo intelligente? Mettete in discussione ogni decisione, che si riveli intelligente o meno, poiché vi dà una buona impressione di come potete reagire in modo intelligente nella prossima situazione. E' cosi' semplice!

Così non fallirai mai più!

L'arte di affrontare sia i successi che i fallimenti è un fattore importante nel vostro percorso verso il successo. Forse pensi che finora le persone di successo non hanno più fallimenti, e tutto funziona come un orologio. Se è così, allora devo rivelarvi l'amara realtà: Le persone di successo hanno molti più fallimenti che successi. E anche più fallimenti di quanti ne hanno di insuccesso. Non suona così bello, naturalmente, se sei stato appena pescato e sei alla ricerca del successo. Ma questo è un fatto di cui non si dovrebbe essere privati. Le persone di successo falliscono molto più spesso delle persone che non hanno successo! E anche questa è una cosa buona! Senza di loro, le persone di successo non avrebbero affatto successo? Sembra strano? Ti illumino io!

Le persone di successo cercano opportunità in cui altre persone vedono i rischi. Le persone di successo vedono sfide dove gli altri vedono problemi. Le persone di successo sono coloro che fanno, essendo disposti a fare cose di cui gli altri parlano solo.

Le persone di successo differiscono dalle persone di successo, soprattutto quando si tratta di fare le cose, di fare le cose, di cominciare da qualcosa. Le persone di successo cercano attivamente le opportunità. Fanno dove gli altri semplicemente guardano. Di conseguenza, le persone di successo vedono, sviluppano e sfruttano molte più opportunità di fare qualcosa. E quando avranno trovato 100 modi, lo faranno 100 volte! E questo è 100 possibilità in più di quante ne ha l'uomo che non ha avuto successo. Si ritiene quasi certo che non tutte le 100 possibilità funzionano in modo meraviglioso e portano profitti immediati. Ma anche se solo cinque delle 100 cose funzionano, queste sono cinque opportunità di successo in più di quante ne avrebbe il non successo. E poiché la persona di successo si occupa molto di queste possibilità, non gli farà male aver affrontato le 95 possibilità che non hanno funzionato. Sa che ne trae vantaggio perché può sempre limitare il suo "danno" e ridurlo al minimo e può trarre un'incredibile ricchezza di esperienza da queste 95 possibilità. Delle cinque possibilità che ha, può trasformarne una così bene che solo questo gli porta molti più profitti dei 95 tentativi falliti che gli sono costati. Quindi ne beneficia quando le cose vanno bene, ma anche quando le cose non vanno così bene. E' quindi fondamentale cercare le opportunità e poi affrontarle. E, infine, come la gestisci. Si acquisisce esperienza, si imparano continuamente cose nuove e si applicano le conoscenze di volta in volta. Cosa pensi che gli succederà? E' quello che penso io! Ce la farai. Allora è solo questione di tempo!

Come scegliere i tuoi obiettivi

Gli obiettivi sono importanti. Gli obiettivi sono così importanti che non si dovrebbe fare nulla senza avere un obiettivo. Sono così importanti che ne abbiamo già parlato e vi ho chiesto di scrivere immediatamente alcuni obiettivi per voi. Ora è il momento di rimproverarti se non l'hai ancora fatto, ma anche di darti l'opportunità di farlo ora. E questa è sicuramente l'ultima occasione per farlo. Quindi vi imploro, per voi, la vostra vita, di scrivere i vostri obiettivi ora, almeno tre in numero.

Il processo di scrittura è molto importante. Quindi ti sto chiedendo di farlo di nuovo adesso!

.

.

.

Se lo avete fatto ora, è molto buono, ma non eccellente, perché non avete avuto la disciplina e la volontà di scriverlo in un altro luogo. Chiediti se la tua vita, i tuoi obiettivi o se non ne vale la pena di farlo. Ma bene, andiamo avanti.

Forse hai gia' scritto i tuoi obiettivi in passato. Allora vorrei cogliere l'occasione per elogiarvi. E se li avete scritti di nuovo qui ora, allora dovreste vedere se avete scritto anche voi gli stessi obiettivi. Anche questo è importante, ovviamente. In caso contrario, dovreste cogliere l'occasione per chiedervi nuovamente quali sono i vostri obiettivi più grandi e più importanti.

Perché gli obiettivi sono così importanti? Semplicemente perché determinano il percorso che dobbiamo prendere per raggiungerli. E' come un sistema di navigazione attraverso le nostre vite: Se non sappiamo dove vogliamo andare, andremo avanti e indietro inutilmente, completamente a casaccio, consumeremo le nostre risorse, consumeremo le nostre risorse, consumeremo i nostri mezzi di trasporto e sprecheremo completamente il nostro tempo. Non andresti mai in macchina o in treno senza sapere dove stai andando. A meno che non vi piaccia guidare e godervi il tempo. Questa è un'eccezione ragionevole. Altrimenti probabilmente non raggiungerai mai la tua destinazione se non sai dove andare. E questo naturalmente porta a un viaggio catastrofico.

Se questo è il caso della tua locomozione, perché non lo fai allo stesso modo nella vita? Pensi che la vita sia strutturata per darti degli obiettivi da sola? O pensi che non ci siano strade e sentieri nel tuo piano di vita, in modo che tutto questo avvenga per caso? Non pensi che per raggiungere un certo stato o situazione ci siano vie più brevi, più veloci, più belle, più belle o forse deviazioni, vie più lunghe, vie più ripide e così via? Penso che siamo d'accordo su questo. Naturalmente, spesso colleghiamo il percorso e la destinazione con il trasporto. Ma è esattamente l'immagine identica che può riflettersi sulla tua vita. Gli obiettivi sono obiettivi, i modi sono modi e i modi per raggiungere gli obiettivi. I percorsi possono essere diversi, così come gli obiettivi. Ma non si può negare che ci sono differenze drammatiche tra loro, che possono essere vantaggiose o più difficili per voi. Giusto?

Anche gli obiettivi sono importanti, perché altrimenti non sai quando sei arrivato. Così avete fatto un giro completamente casuale che non finirà mai per voi perché non sapete dove si trova la vostra destinazione. E la cattiva notizia è che non si può tornare indietro quando ci si perde e non si conosce la strada. Ogni singolo secondo della tua vita ha un effetto sul futuro, tutto ciò che fai, pensi, pensi, speri..... Determina le tue azioni, consuma ossigeno per respirare e tempo per vivere. Non avrai mai indietro il tempo che perdi: ogni singolo secondo è unico nella tua vita! Così il vostro viaggio non pianificato attraverso la vita è in ultima analisi, molto più drammatico di un viaggio non pianificato in auto. Entrambi con lo stesso ingresso, ma con un'uscita diversa.

Un obiettivo ti dice quale percorso prendere e quando arrivare. Le pietre miliari più importanti di un viaggio. Allora perche' pensi che non dovresti pensarci? Forse si può pensare ad altri paralleli che devono essere presi in considerazione. Ma i due più importanti dovrebbero essere presentati qui. Il consumo, i rifiuti, l'usura, l'usura, ecc. non sono affatto menzionati in questa sede, ma sono altri fattori molto importanti.

Come scegliere i propri obiettivi?

Ci sono due punti di vista diversi al riguardo: Una parte sostiene che ci si dovrebbe porsi piccoli obiettivi in modo che ci si senta regolarmente anche momenti di successo e che in tal modo si alimenta la motivazione a continuare. Inoltre, è possibile vedere molto bene i progressi. Altri ancora sostengono: "Pensa in grande! Pensa in grande! Pensa in grande stile. Solo i grandi spiriti possono creare grandi visioni e realizzarle. Due punti di vista che non potrebbero essere più diversi. Quale di entrambi ha senso? Chiaramente, c'è un mezzo d'oro qui, e sembra proprio questo:

Imposti grandi obiettivi! Fatti grandi obiettivi, cazzo! Realistico, ma grandi obiettivi! Dovresti essere intelligente. Obiettivi e decisioni intelligenti.

S - specifico = si dovrebbe fare specifico riferimento ad una condizione o situazione desiderata.

M - misurabile = dovresti essere in grado di misurare il tuo obiettivo (quante persone ho aiutato, quanto capitale ho guadagnato, ecc.)

A - ambizioso = non dovresti fissare obiettivi troppo piccoli, che dovrebbero sfidarti.

R - realistico = devono essere realistici e raggiungibili. Tutto ciò che gli altri hanno raggiunto, si può ottenere, anche di più.

T - scheduled = fissa una data fissa. Questo vi aiuta a verificare se avete raggiunto il vostro obiettivo e se siete in orario.

Perché i vostri obiettivi dovrebbero essere SMART e realistici? Un esempio molto semplice:

Questo è il tuo obiettivo.

Il vostro obiettivo è, senza avere un vero e proprio rapporto, non super enorme, ma anche non piccolo. Se la vedi così, probabilmente diresti che è relativamente piccola.

In ogni viaggio, per quanto ben pianificato e ben pensato, ci saranno sempre delle sfide. Più grande, più piccolo, più piccolo..... come ti pare. Sicuramente lo farà. Le sfide più piccole non sono super drammatiche e di solito possono essere affrontate in tempi relativamente brevi. Questa è una sfida minore:

Se ti trovi di fronte a una piccola sfida, non perderai di vista un bersaglio relativamente piccolo anche in quel momento, vedi qui (vengono utilizzate le stesse dimensioni di forma):

Ma cosa succede ora che cosa succede quando c'è una sfida più grande che ha davvero bisogno di molto potere per padroneggiarla e alla fine ne esce ancora più forte? Supponiamo che la sfida abbia una tale dimensione.

Se la sfida assume una tale portata, succede quanto segue:

Sono sicuro che stai pensando: "Dov'è l'obiettivo? Non puoi più vederlo! Ed è esattamente il punto che vorrei visualizzare per te. Non appena si affrontano sfide maggiori, c'è il rischio di perdere di vista il proprio obiettivo se è troppo piccolo. Lo sforzo sembra essere troppo grande per affrontare la sfida, in contrapposizione al ritorno che si otterrebbe raggiungendo il proprio obiettivo. Questo ti porta a lasciar andare i tuoi obiettivi troppo velocemente e a rinunciare, per poi ricominciare il viaggio senza un piano. E questo processo si ripeterà più e più volte perché i vostri obiettivi sono troppo piccoli e ci saranno sempre sfide leggermente più grandi del vostro obiettivo relativamente piccolo.

Allora, qual e' la soluzione? Per scegliere un obiettivo che è maggiore. Abbastanza grande da superare le sfide principali. Sfide ancora più grandi continueranno a far apparire il vostro obiettivo nel vostro campo visivo e non a coprirlo.

Vedete che questa è solo un'immagine, ma vi mostra in modo impressionante quanto sia importante non fissare obiettivi troppo piccoli.

Quindi i grandi obiettivi sono meno facili da perdere, e se hai questi obiettivi, senti davvero un desiderio per loro, allora anche le sfide più grandi non ti impediranno di andare avanti. Devono solo essere obiettivi reali. Quali sono i veri obiettivi, ci arriverò tra un attimo.

Ma qual è il problema, perché allora non tutti, senza eccezioni, raccomandano di avere grandi obiettivi? C'è una sola ragione psicologica per questo: si tratta della motivazione a voler davvero raggiungere questo obiettivo.

Molte persone vi consiglierebbero di fissare piccoli obiettivi, in modo da poter festeggiare il successo più velocemente e quindi alimentare la motivazione. Questo vi permetterà di raggiungere il vostro obiettivo passo dopo passo e di motivarvi con i piccoli successi. Già di per sé suona abbastanza bene. Solo che e' una soluzione ammorbidente. È la soluzione per le persone che non hanno la motivazione sufficiente per raggiungere il loro grande obiettivo, che non hanno la volontà e la disciplina per raggiungere i loro obiettivi REALI. Chiunque vi raccomandi di scegliere piccoli obiettivi sulla via dell'indipendenza finanziaria vi dice che non ce la farete comunque e dubita di non avere né la motivazione né la disciplina. Perche' avrebbe dovuto pensarlo? Perche' non ce l'aveva lui stesso. Ed è molto più facile mantenere le altre persone piccole, in modo da stare in piedi meglio che affrontare qualcosa da soli. Questa non è un'accusa o un'accusa maliziosa. Spesso e' la realta'. Solo i fantasmi che pensano piccolo consiglia di scegliere anche piccoli obiettivi. Ma vuoi essere o rimanere un piccolo fantasma?

Pensano che tu sia psicologicamente troppo debole per stare davvero sulla palla se non sempre ottieni una caramella nel mezzo. Certo, non è questa l'intenzione principale per cui molte persone ti consigliano di avere piccoli obiettivi, probabilmente perché non ci pensano nemmeno loro stessi. Alla fine, l'effetto psicologico è proprio questo. I piccoli obiettivi possono essere più convenienti, ma ti tengono piccolo, non ti portano da nessuna parte.

E perché i piccoli obiettivi sono così pericolosi? Mettono semplicemente a repentaglio il tuo grande obiettivo, perché ti soddisfano e ti soddisfano poco a poco. Un giorno ti stancherai del successo, per quanto possa sembrare divertente. Immaginate la ristrutturazione di una casa famiglia di 10 stanze. Cominci a ridisegnare ogni stanza come vuoi. Nuova carta da parati, una parete è solo intonacata, nuova vernice, nuovo arredamento. A poco a poco, finisci ogni stanza. Poiché questo è naturalmente legato allo sforzo, vi ricompensate per la vostra diligenza dopo il completamento di ogni stanza. Piu' stanze si fanno, piu' spazio si guadagna, piu' ricompensa. Tuttavia, la ricompensa di solito rimane la stessa, il che significa che il vostro menu del dopo-lavoro raggiunge sempre circa la stessa soddisfazione per voi. Ad un certo punto, quando si arriva all'ottava o alla nona stanza, si pensa: "Pooh, lo stesso stress ogni giorno qui, e poi mi ricompensa sempre con un pasto delizioso. Ho il cibo da qualche giorno ormai, ma lo sforzo per questa stanza è molto maggiore. Non ne vale la pena oggi. Per oggi finirò i lavori e poi la prossima settimana ristrutturerò le stanze rimanenti".

Zack! E una volta che questo accade, sappiamo entrambi che queste camere non saranno mai più rinnovate. Non se non c'è un'urgenza incredibilmente grande e immediata. Allora in qualche modo sarebbe ancora possibile. Allora anche queste camere fanno parte del tuo VERO Obiettivo. Se però non esiste un'urgenza diretta, queste stanze rimarranno probabilmente sempre Rohbau e saranno trasformate in magazzino.

Certo, ci sono un sacco di lamentele su questo esempio. Ma non si tratta di questo. Voglio solo mostrarti cosa ti fanno piccoli obiettivi e ricompense costanti. Essi esprimono inconsciamente la fame per l'obiettivo più grande, mascherano il desiderio di raggiungere il vostro obiettivo VERO. Ti danno una sensazione di stanchezza. Siete sempre tentati di soppesare lo sforzo contro il beneficio. E perché questo è sempre relativizzato, perché si festeggiano sempre i successi, fino a quando a un certo punto si è pieni e non ci si sente più come il piatto principale. Ma questo non è bello, perché soddisfa solo le vostre esigenze a breve termine, ma non vi aiuta un po 'a lungo termine e si è ancora, dentro di voi, insoddisfatto e sentire il desiderio per i vostri obiettivi reali. Come se stessi mangiando prima di cena, cosa che da bambino ti era proibito quanto me.

Ti rendi conto che ottieni una ricompensa anche con il minimo sforzo, quindi perché preoccuparsi? E la ricompensa, puoi farne a meno. Lo sforzo è semplicemente troppo elevato.

E' un peccato se questa casa è il cimelio dei vostri nonni, se l'hanno costruita con le proprie mani e se il vostro obiettivo nella vita era quello di creare una casa ristrutturata per tutta la famiglia. Così ora si cercano compromessi e vie d'uscita, perché sei troppo pigro e immotivato, e fai finta a te stesso che anche queste vie d'uscita sono in ordine e poi sono anche "soddisfatti". L'effetto dell'assuefazione è sia il migliore che il peggiore effetto che si può trovare nel comportamento umano. Da un lato può aiutarti incredibilmente, ma può anche farti diventare un incredibile fallimento.

Quindi, con una probabilità relativamente alta, gli obiettivi parziali vi condurranno al fallimento del vostro grande obiettivo. Non sempre, ma il pericolo è incredibilmente grande. Perché o il vostro obiettivo non era REALE o non siete sufficientemente disciplinati o motivati. O..... i piccoli obiettivi ti hanno saturato. Ed e' fatale se hai davvero un desiderio nella vita. E sarete soddisfatti perché troverete scuse e compromessi.

I grandi obiettivi sono in realtà molto più facili dal punto di vista psicologico, ma ovviamente non sono auto-avvianti. Con grandi obiettivi, la fame e il desiderio di questo obiettivo è così grande che vi guiderà ogni giorno per alzarsi e governare la giornata. La vostra fame per questo obiettivo è così grande perché sono più forti delle vostre più grandi scuse.

Naturalmente, potrebbe volerci un po' di tempo prima di raggiungere questo obiettivo. E in questo modo affronterete anche grandi sfide. Ma se il tuo obiettivo è abbastanza grande e VERO, niente ti fermerà. Il modo in cui ci può essere abbastanza faticoso, a volte si avrà certamente la sensazione di essere ancora così lontani dal proprio obiettivo che probabilmente non lo raggiungerai mai o sarà così difficile che si potrebbe voler rinunciare. Proprio per questo motivo di debolezza sono stati sviluppati piccoli obiettivi. Penso, tuttavia, che psicologicamente è la trappola per topi più pura. Cosa si può fare ora per porsi grandi obiettivi, ma non perdersi, anche se l'obiettivo non è ancora a portata di mano? Molto semplicemente, si usa l'aspetto positivo dei sotto-obiettivi e lo si combina con la fame per il grande obiettivo. Ti stai ponendo delle pietre miliari!

Una pietra miliare non è solo un'altra parola per un obiettivo parziale?

I disinformati farebbero il pensiero. E' solo un'altra parola. Tuttavia, se ci si prende un minuto per pensarci, ci si rende presto conto che si tratta di un significato completamente diverso.

Una pietra miliare non ti inganna facendoti credere di aver già completato con successo qualcosa, e non ti satura di continuo con un senso di realizzazione. Una pietra miliare ti dà solo un indizio per capire se sei ancora sulla strada giusta. Così è la variante senza emozioni di un sotto-obiettivo.

Le pietre miliari sono come grandi, riconoscibili incroci, waypoint speciali, o altri segni distintivi che si è ancora sulla strada giusta. Essi confermano i vostri progressi senza darvi successo. E' tutto quello che fanno le pietre miliari. Ma è importante che lo facciano proprio questo. Perché così non ti saziano, ti fanno concentrare ancora di più sul tuo obiettivo, per avere ancora più fame, e ora corri su questo percorso invece di camminare. Le pietre miliari sono uno strumento di verifica, non di realizzazione. Ed è così che dovrebbe essere. E questo è il motivo per cui gli obiettivi parziali o, come avete già sperimentato, le pietre miliari sono importanti per voi, ma dovrebbero essere gestiti in modo diverso. Stavo solo controllando.

Dopo tutto, non hai scelto un bersaglio senza un motivo. Questo obiettivo è la CEDU. Lei si è identificato con questo obiettivo e per questo motivo è andato in viaggio. E non perché volevi solo l'obiettivo parziale. E tu hai cominciato. Perché dovresti concludere il tuo viaggio con una pietra miliare? Sarebbe come andare in Spagna per andare in vacanza, ma poi si pensa che la stazione di servizio sull'autostrada è anche abbastanza bello perché hanno tapas in frigorifero. E' tutto, ed e' per questo che ti giri e vai a casa. Sembra un'assurdità, vero? Allora perche' dovrebbe essere diverso nella tua vita?

Gli obiettivi parziali non dovrebbero mai soddisfarti, a meno che tu non abbia abbastanza fame o il tuo obiettivo non fosse reale. Gli obiettivi parziali sono sempre solo pietre miliari per diventare ancora più affamati e continuare. Come suggerisce il nome, è una pietra dopo un miglio, un waypoint che ti dà segni di riconoscimento, che può riportarti in pista se ti perdi, e che può anche segnare waypoint importanti per altre persone. Una pietra miliare non è mai un obiettivo. Se le cose stanno così, non hai raggiunto nessuno dei tuoi veri obiettivi. Hai appena guidato e hai consumato risorse. Il classico dei rifiuti.

Allora, come vi motivate a raggiungere il vostro obiettivo, anche se sembra così lontano? Le pietre miliari possono aiutarti a farlo? In definitiva, puoi farlo nel modo in cui è importante per te e come può aiutarti. Ma non si dovrebbe mai dare a una pietra miliare più o meno importanza di quanto dovrebbe avere.

Sono convinto che se hai un obiettivo VERO, non hai bisogno di alcuna motivazione in mezzo. Sono convinto che il tuo obiettivo dovrebbe essere scelto in modo che tu respiri questo obiettivo, pensi questo obiettivo, viva questo obiettivo. Se questo è il caso, la vostra motivazione sarà sempre abbastanza alta da fare più di quanto ci si aspetta che facciate. E sarà sempre così grande che è più grande della scusa più forte. Anche se la motivazione non è al 100%, sarà sempre qualche punto percentuale al di sopra del livello di sfida. E questo è abbastanza, quindi nessuna sfida è abbastanza grande da dissuaderti dal tuo obiettivo.

Che diavolo sono finalmente questi obiettivi REALI?

Gli obiettivi reali sono costituiti dalle seguenti componenti:

E - Onestà

C - Opportunità

H - Devozione

T - Sogni

Gli obiettivi REALI sono quelli in cui non è necessario fingere di essere soddisfatti del parziale raggiungimento degli obiettivi. Gli obiettivi reali possono, vogliono e devono essere raggiunti. Con obiettivi REALI, non ci sono scuse per non raggiungerli va bene. Con obiettivi REALI, solo questi obiettivi contano per te, nient'altro.

Gli obiettivi REALI sono quelli che ti portano ad alzarti la mattina e andare a letto la sera con la volontà di dare di più il giorno dopo. Con obiettivi reali, la fame di questi obiettivi è così grande che non può che essere soddisfatta da nient'altro che raggiungerli.

Obiettivi REALI sorgono quando il dolore che si prova attualmente è così grande che non si può fare a meno di cambiare qualcosa al riguardo. Devi sentire dolore, dolore reale con la tua situazione o con quella di cui non sei soddisfatto per avere un VERO obiettivo.

Un obiettivo così REALE ti permette di dare il meglio giorno dopo giorno, anche se non vedi risultati diretti. Ti danno l'impulso perché vuoi raggiungere questo stato obiettivo così tanto che nessun prezzo sembra troppo alto, nessun lavoro troppo pesante e nessun giorno troppo lungo.

Probabilmente ci sono due cose che sono bloccate in questo momento:

O non avete (ancora) degli obiettivi reali o non siete ancora a conoscenza degli obiettivi reali, o non sapete come riformulare i vostri obiettivi in obiettivi reali e quindi ottenere la motivazione e la spinta a perseguire i vostri obiettivi come obiettivi reali.

Ti sto facendo una promessa in questo momento: Vi spiegherò come riuscite a trovare un obiettivo REALE o a trasformare i vostri obiettivi in obiettivi REALI. Tuttavia, questo è un metodo molto drastico e richiederà molta iniziativa da parte vostra e anche il mio contributo. Inoltre, devo dirvi che il processo di definizione degli obiettivi ECHTE è anche un obiettivo ECHTES. Ciò significa che è soggetto a un processo che non può essere completato durante la notte, ma da oggi a due settimane. Ecco perché non vedrete alcun risultato qui, ma scoprirete che i risultati possono essere raggiunti in tempi relativamente brevi se siete disposti a lavorarci seriamente ed enfaticamente.

Questo capitolo non sarà facile, ma ne sarà valsa la pena, te lo prometto!

Come scoprire o creare obiettivi REALI

Come abbiamo già discusso, gli obiettivi REALI (in futuro solo scritti a caratteri minuscoli, perché ne conosci il significato ora e non sono più resi noti dalla descrizione scritta) sono tali obiettivi, il cui raggiungimento ti offre l'immediata necessità di migliorare la qualità della tua vita. Non voglio entrare nella definizione di qualità della vita qui perché è una parola incredibilmente varia, ma sono sicuro che tu abbia un'idea su di essa e su cosa signifchi qualità della vita per te.

Al contrario, ciò deve significare che se questo obiettivo non viene raggiunto, la qualità della vita è chiaramente carente o perduta. Quindi il vostro obiettivo finale dovrebbe essere quello di raggiungere i vostri obiettivi reali. Perché un vero obiettivo migliora la qualità della vita? Perché associate a queste cose che sono di straordinario interesse per voi, per la vostra vita e per la vita di tutti i vostri stakeholder. Ciò significa che hanno effetti positivi sulla salute, privati, finanziari, materiali o immateriali sulla tua vita e sulla vita dei tuoi amici e parenti.

Un obiettivo reale si differenzia da un obiettivo ordinario per l'urgenza con cui vogliamo raggiungerlo. Piu' l'obiettivo e' urgente, piu' reale. Inoltre, un obiettivo reale non ha bisogno di obiettivi parziali, solo le pietre miliari hanno senso. Con un obiettivo reale, la motivazione per raggiungere lo stato obiettivo è così grande che trovi sempre la tua motivazione intrinseca, sempre dentro di te stesso, perché sei convinto che sia giusta per te e te la meriti.

Come si crea questa motivazione intrinseca? Il vostro obiettivo deve essere così tanto desiderato che non vedete altro modo se non quello di raggiungerlo. E hai questo desiderio quando sei così insoddisfatto della tua situazione attuale che vuoi uscirne, a prescindere dai costi. Ed è proprio questo stato che si verifica quando si associa il dolore alla situazione attuale, perché il dolore è una sensazione che tutti noi non possiamo o non vogliamo sopportare a lungo. Il dolore persistente ci rende stanchi, stanchi della vita e porta a malattie, fisicamente, ma anche mentalmente.

Si tratta ovviamente di una situazione molto spiacevole, ma solo allora siamo davvero in grado di voler cambiare qualcosa. E cambieremo qualcosa perché vogliamo e dobbiamo lasciare lo stato di dolore. Non c'è altra soluzione in questa situazione per noi se vogliamo cambiare qualcosa con urgenza. Anche se possiamo prendere antidolorifici (in senso figurato questi sono i pensieri che cercano una via d'uscita o trovano scuse), non cambiamo la causa e combattiamo solo i sintomi finché anche gli antidolorifici non perdono la loro funzione e dobbiamo continuare a vivere con il dolore. Penso che lei sappia molto bene che gli antidolorifici in medicina dovrebbero essere una soluzione a breve termine solo se possibile.

Quindi devi collegare il dolore alla tua situazione attuale. E questo è un prerequisito di base ottimale, anche se molto drastico, per voler davvero cambiare qualcosa. Perché se non associate il dolore alla vostra situazione, allora siete esattamente in quel punto della vita in cui vi trovate ora. Se il dolore non e' abbastanza forte, non cambierai nulla. Ecco perche' non hai ancora cambiato nulla. Perché i vostri antidolorifici (in senso figurato la vostra pigrizia e le vostre scuse) hanno sempre coperto il dolore. Ma hai ancora questo dolore dentro di te, perché altrimenti non ti sei permesso di essere portato a voler cambiare qualcosa. Ora che hai preso questa decisione, dovresti considerare anche il dolore che senti veramente, e questo è il primo passo per creare un vero obiettivo.

Come programmare se stessi per obiettivi REALI

Vogliamo ciò che ci rende felici. E questo è quello che sentiamo. E' questo subconscio che a volte ci dice che è giusto fare questo o quello o quello o non farlo. Questo subcoscienza finge di fare le cose giuste o cose meno giuste. A volte lo chiami intuizione. Pensi che il tuo subconscio sia innato? Pensi che ogni persona sia nata con il proprio subconscio e che ora ne sia vittima? Completamente intrappolato, libero da qualsiasi potere che può darvi l'opportunità di fare qualcosa di meglio o di peggio nel subconscio?

Ne dubito quanto te. Penso che il nostro subconscio sia creato da ciò che facciamo, specialmente da ciò che facciamo abitualmente. Penso anche che il nostro subconscio deve svilupparsi in modo da poter lavorare con esso e ancora di più su di esso. Senza entrare troppo filosoficamente in questo argomento, potete certamente anche immaginare che il vostro subconscio si è in qualche modo sviluppato da quello che avete fatto finora nella vostra vita, quello che avete sentito di essere giusto, quello che avete fatto di routine e quello che ora inconsciamente decidete per. In una certa misura si parla anche di esperienza. Quindi il nostro subconscio è plasmato anche dall'esperienza. Migliore è l'esperienza, maggiore è il senso di ricompensa e più veloce e forte è impresso nel nostro subconscio.

Le esperienze, tuttavia, di solito non nascono da nulla di ciò che si fa o non succede nulla. Si acquisisce esperienza prendendo le cose passo dopo passo, i cui risultati vi vengono presentati e che sono favorevoli o sfavorevoli per voi. Se sono davvero sfavorevoli, probabilmente non li eseguirete così rapidamente subconscio, perché associate con loro un risultato negativo, ma volete evitarli subconscio. Così il nostro subconscio ci dà raccomandazioni per l'azione, ma ci avverte anche di cose che ci hanno dato risultati negativi.

Quindi il nostro subconscio non è affatto uno strumento dato da Dio, un sistema di allerta precoce che ci è stato imposto fin dalla nascita. Il nostro subconscio è formato proprio da queste esperienze, che sperimentiamo giorno dopo giorno. Questo significa anche che il tuo subconscio è controllabile in un certo modo. Possiamo controllarlo nel senso di quali esperienze che abbiamo o molto di più di come le sperimentiamo. Così possiamo programmarlo in modo da sperimentare esperienze più positive piuttosto che negative. Qui l'importante è la considerazione. I risultati positivi sono quelli che ci aiutano ad andare avanti sulla nostra strada. Esperienze negative ci danno lezioni e suggerimenti su come fare le cose meglio la prossima volta. Il nostro subconscio impara in entrambi i sensi: Una volta direttamente, e una volta indirettamente. E possiamo programmarlo in modo che tendiamo inconsciamente a fare ciò che ci avvantaggia, non ciò che ci danneggia.

Dal momento che facciamo molte cose inconsciamente, diventa subito evidente che cosa sia un potente strumento di questo subconscio. E questo dimostra anche il suo significato per la nostra vita quotidiana. Se inconsciamente abbiamo un desiderio così forte per qualcosa, allora cercheremo anche inconsciamente di realizzarlo in qualche modo e a tutti i costi. Facciamo inconsciamente le cose giuste per questo. Le nostre precedenti azioni subconscio ci hanno portato dove siamo ora. Di conseguenza, il vostro compito attuale sarà quello di cambiare il vostro subconscio in modo tale che voi facciate inconsciamente cose che vi portano oltre.

Quando parliamo di subcoscienza, allora è quasi un diagramma di flusso che sta sotto la nostra COSCIENZA, che percepiamo come quasi impercettibile eppure ci guida e apparentemente corre automaticamente. Non sarebbe bello se proprio questo motore ti portasse a cose che ti portano più vicino al tuo obiettivo e alla tua felicità, vero? Questa non sarebbe solo la soluzione, è la soluzione! Quindi ora dobbiamo occuparci esattamente di come farlo.

Riprogrammare il tuo subconscio

Penso che si possa capire quello che ho descritto sopra, come si forma il nostro subconscio e come ci sostiene nella nostra routine quotidiana. Il subconscio non sorge durante la notte, ma attraverso un processo, cioè il processo di raccolta di esperienze e di ripetizione. Per questo motivo, ci vorrà anche un po' di tempo prima di poter rilevare cambiamenti significativi nel nostro subconscio o le azioni che ne derivano. Pertanto, cercheremo di affrontare il tutto in modo logico e coerente per ridurre al minimo questo tempo e sfruttarlo al meglio.

Il vostro subconscio è certamente più dipendente da quanto spesso si fa qualcosa e da quale esperienza si associa ad essa. La cosa più certamente subconscia che determina le nostre azioni sono i riflessi. E i riflessi sono addestrati su di noi. E con questo non intendo i riflessi biologici, ma quelli che applichiamo quotidianamente a situazioni ricorrenti. Reagiamo con sovranità a cose che già conosciamo, con processi che già conosciamo, per ottenere risultati che già conosciamo. I riflessi sono quindi risposte addestrate a determinati fatti. E per questo abbiamo dovuto ripeterle molto spesso e guardare sempre più volte i risultati di queste azioni. Quindi, se vogliamo programmare qualcosa di nuovo nel nostro subconscio o semplicemente vogliamo prenderlo, allora dobbiamo fare le cose più e più volte, ripeterlo fino a quando non lo abbiamo fatto così spesso che ha raggiunto il nostro subconscio. Anche ciò che avete assorbito finora nel vostro subconscio non si è sviluppato in modo diverso.

Così si deve chiamare ciò che si vuole raggiungere, i propri obiettivi, più e più e più volte, si deve riavvolgere più e più volte per costruire inconsciamente un programma, che poi anche inconsciamente si muove subconscio di fare le cose che sono favorevoli ad esso. Quindi devi immaginare, visualizzare, leggere, leggere, ascoltare, ascoltare, tutto ciò che vuoi riprendere nella tua mente subconscia più e più volte. La questione deve essere affrontata attivamente molto spesso, in modo da salvarla passivamente a un certo punto. Ha senso, no? E come l'hai imparato a scuola, come abbiamo imparato le cose con successo? Leggerli e rileggerli, scriverli, ripeterli, leggerli, scriverli. E' esattamente cosi' che funziona ora. Prendete un nuovo foglio di carta, scrivete le cose che volete includere nel vostro subconscio e ora siate disciplinati. Se davvero vuoi farlo, devi essere disciplinato ora.

Scriverle e leggerle ogni mattina dopo il risveglio e ogni sera prima di andare a letto. Almeno per 21 giorni. Questo è il tempo che ci vuole la nostra mente per percepire qualcosa come un modello ricorrente e per assorbirlo nel nostro subconscio. Sii disciplinato! Ci vogliono solo 3-4 minuti al giorno per farlo. Ti costerà tutta la vita non farlo. Fallo e vedrai che il tuo subconscio cambierà d'ora in poi.

Perché è così importante programmare il proprio subconscio verso i propri obiettivi?

Perché allora, inconsciamente, fate tutto ciò che avete intenzione di fare in un modo che sia vantaggioso per voi e per i vostri obiettivi. Noterete certamente quanto sforzo ci vuole per fare consapevolmente cose che non corrispondono alla vostra routine e che inizialmente vi sembrano scomode. Se devi combattere contro questo inconveniente in ogni momento, dovrai sempre spendere molte energie per andare avanti. Ciò è ovviamente possibile, ma rende le cose un milione di volte più difficili.

Se la tua mente subconscia è programmata in modo che tu faccia automaticamente le cose che sono buone per te, che ti aiutano automaticamente, allora da un lato non ti costerà alcuna energia e dall'altro lato continuerai automaticamente a progredire. La macchina del moto perpetuo dei vostri obiettivi. Così si può costruire un motore incredibilmente potente in poco tempo e con uno sforzo limitato, che vi porterà più vicino ai vostri obiettivi. La tua mente subconscia controlla tutto e ha effetti diretti su ciò che percepisci coscientemente e su come agisci coscientemente.

Inconsciamente farai cose che ti fanno bene e ti rendono felice. Costruendo sulle esperienze che hai già avuto. Se ora collegate i vostri obiettivi con associazioni positive e queste danno forma al vostro subconscio, non potrete fare altro che fare progressi.

Per questo motivo è incredibilmente importante, oh cosa, anche necessario, fare questo passo. Quindi devi scrivere quali sono i tuoi obiettivi, cosa vuoi raggiungere con esso e soprattutto PERCHE' vuoi raggiungerlo. Il desiderio deve essere grande. Deve essere scritto per intero. Non scritto sontuosamente, ma in modo da poterne cogliere chiaramente il significato più e più volte, se lo si legge più e più volte. Formulare i vostri obiettivi SMART. Hai gia' imparato cosa significa. Più concreto è, meglio è. In modo da avere anche una chiara chiamata all'azione, in modo da sapere perché si desidera perseguire questi obiettivi e perché ti rendono felice.

Scrivi, leggi tutto, ogni mattina e ogni sera. Questo vi motiverà ad iniziare la giornata di domani e saprete cosa vi spinge a fare grandi cose. Hai la notte per immaginare dove sarai presto. Due periodi non trascurabili nella vita di tutti i giorni.

Perché il subconscio ti aiuta a fare le cose giuste in modo apparentemente automatico? Perché non solo li rendete coscienti, ma attraverso il vostro motore subconscio deciderete per le cose che corrispondono al vostro nuovo stato di destinazione o alle vostre nuove idee. Questo "automatico" non significa nient'altro che confessare inconsciamente a decisioni che contribuiscono più favorevolmente che sfavorevolmente alle vostre idee. Il tuo subconscio, il tuo sentimento, la tua intuizione, ti aiutano a prendere le decisioni che sono più favorevoli ai tuoi obiettivi.

Un semplice esempio: Se si desidera separare i rifiuti e non si sono separati finora, probabilmente si prende sempre per abitudine e inconsciamente il bidone che meglio si adatta alla situazione. Se poi riprogrammate il vostro subconscio, sarete in grado di separare i rifiuti in modo più significativo. Dopo un po' di tempo, scegliete automaticamente il cestino che avete programmato voi stessi da utilizzare.

Il suo subconscio è molto importante per le sue azioni. Tra le altre cose, perché influenzerà in modo significativo anche le vostre azioni consapevoli. Quindi dovresti sicuramente riprogrammare il tuo subconscio. Anche se la parola "programmazione" ha una connotazione negativa, in questo contesto è estremamente positiva.

Allora, quali passi dobbiamo fare? Questi sono brevemente descritti di seguito:

1) Pensate e leggete quali sono i vostri obiettivi REALI

2) Visualizzare questi obiettivi reali davanti all'occhio della mente. Regolarmente! Più dettagliato è, meglio è.

3) Descrivere queste immagini nel miglior modo possibile e tenerle su un foglio di carta. Anche i collage dei sogni ti aiuteranno. Non importa quanto dettagliato. Prenditi il tuo tempo. Più concreto, più onirico per voi, più positivo, migliore è il risultato. Senza dubbio: qui è

permesso sognare. Si dovrebbe immaginare una condizione concreta e descriverla nel miglior modo possibile. Piccolo consiglio: se una fata ti concede un desiderio libero, ma questo desiderio deve essere descritto in modo molto preciso, allora dovresti davvero fare uno sforzo per registrare il tuo desiderio nel modo in cui lo immagini. Allo stesso modo, ora dovreste anche scrivere i vostri stati bersaglio, i vostri obiettivi reali.

4) Collega i tuoi obiettivi reali con le emozioni positive. Non importa in quale situazione ti trovi: non appena pensi allo stato di destinazione, dovresti provare immediatamente sentimenti di felicità. Questo può anche essere controllato biologicamente in modo da rilasciare gli ormoni della felicità non appena si pensa ai propri obiettivi. Questo corrisponde ad un tipo di condizionamento. Ascolta la tua musica preferita quando ci pensi, ascolta musica motivante o edificante, mangia il tuo cibo preferito, sii nel tuo posto preferito. Dovete sentirvi a vostro agio e in ogni momento in cui vi trovate nella "fase di apprendimento", cioè nella fase in cui collegate i vostri obiettivi con situazioni positive, siate felici e abbiate una sensazione incredibilmente positiva. Così, in qualsiasi situazione futura in cui pensi a questi obiettivi, ti lascerai andare assolutamente positivo in qualsiasi luogo del mondo, in qualsiasi momento e in qualsiasi situazione non appena ci pensi. Ed è proprio così che potrete ricaricare le batterie in ogni situazione, dando sempre il meglio per avvicinarvi ai vostri obiettivi.

5) Leggete i vostri obiettivi reali e gli stati descritti almeno due volte al giorno. Meglio dopo essersi alzati e prima di andare a letto. Questi sono periodi di tempo incredibilmente potenti per permettere all'energia pura di fluire nella vostra immaginazione e immaginazione.

6) Ripetere la procedura per almeno 21 giorni. Finche' non riesci quasi a memorizzare quello che hai scritto. Quando si è pronti, non è più necessario leggere ogni giorno le formulazioni, ma iniziare a recitare il tutto e formulare a memoria. Durante i primi giorni, può essere utile controllare di tanto in tanto le registrazioni in modo da registrare anche i dettagli più importanti. A poco a poco, tuttavia, è possibile allentare se stessi sempre di più. Questo è il momento in cui entra davvero nel tuo subconscio. Poi avete anche salvato la registrazione nella vostra memoria a lungo termine e potete riprodurla quasi senza errori. Poi anche dopo dovrebbero essere trascorsi complessivamente 28 giorni circa. Ora è sicuramente il momento in cui avete introdotto il vostro subconscio nel nuovo programma, se siete stati precedentemente disciplinati. Ora non è necessario recitare l'intera registrazione senza errori, ma si possono ricordare le cose che sono importanti per voi. Queste pietre miliari sono sufficienti a portare sempre più volte la potente visualizzazione dei vostri obiettivi. Se non è sufficiente, ripetere i passi precedenti per altri 21 giorni.

Cerca modi per rafforzare la tua volontà, affinare il tuo significato e modellare la tua vita secondo le tue idee.

condizionamento

Questo strumento è molto violento e incredibilmente potente, ma sarà anche l'arma più evidente che utilizzerete per rendervi felici e di successo.

Condizionamento è anche una parola molto negativa. Le associazioni che associamo al condizionamento sono spesso costituite da caratteristiche molto cattive e manipolatorie. Anche il lavaggio del cervello è spesso menzionato in questo contesto. Con questo intendiamo che un certo modo di pensare ci viene imposto subliminalmente o che dovremmo adottare un certo comportamento che ci è stato imposto involontariamente.

In realtà, però, condizionare significa semplicemente collegare tra loro un certo modo di pensare, stimoli e azioni. Mostra una certa reazione a certe azioni. Usare i segnali per spiegare un modo di pensare o un modello di comportamento. Da questo punto di vista, questa parola è neutrale quanto la sua origine. E' solo una questione di quello che gli associamo. E in questo contesto vogliamo dare all'insieme un quadro positivo di interpretazione, non perché ci si addice meglio in questo caso e facciamo il mondo come ci piace, ma perché questo processo è neutro nel vero senso della parola e possiamo usarlo per dedurre qualcosa di molto positivo per noi. E' simile alle critiche. La critica è negativa, ma nel migliore dei casi ci fornisce suggerimenti costruttivi e raccomandazioni di azione, che possono renderci ancora migliori.

Come possiamo quindi, da un lato, dare una forma positiva al condizionamento e, dall'altro, lasciarlo funzionare per noi? Condizionando noi stessi in modo che cerchiamo di evitare le cose che ci fanno del bene e le cose che ci fanno male. Sono sicuro che stai pensando: "Ci provo ogni giorno!". E sì, probabilmente lo fai più o meno ogni giorno, ma non abbastanza consapevolmente o abilmente o abilmente da poterne realmente beneficiare. Perché se fai le cose che ti piacciono, sei felice solo perché le fai e hai l'opportunità di farle. Se fai cose che non ti piacciono, sei infelice, infelice o forse trovi una deviazione emotiva per affrontarle. Se si fanno cose che si fanno molto spesso, cioè diventano una sorta di routine, probabilmente si è relativamente distaccati emotivamente da esse. Forse è fastidioso, forse ne vedi il beneficio. Da qualche parte, tuttavia, è certamente più o meno nell'intervallo leggermente positivo o negativo, da qualche parte intorno allo zero. La linea di fondo è ciò che le emozioni e i pensieri che associate alle vostre azioni e processi. Così abbiamo piena libertà su tutto ciò che accade, come vogliamo vederlo. La tua ragazza o il tuo ragazzo lo vede come un problema, tu lo vedi come una sfida. Lei/lui lo vede come un ostacolo, tu lo vedi come un'opportunità. Lei/lui pensa al fallimento, voi alla ceretta. La stessa situazione, pensieri diversi, approcci diversi.

Chi pensi che raggiungerà il traguardo prima (o per niente), e con quale risultato: la persona che vede un 5km correre davanti a lui e pensa: "Non ce la farò mai! E' troppo! Non mi stavo allenando! "O chi non si è allenato deve percorrere la stessa pista, ma pensa: "Ora ho la possibilità di correre finalmente 5 km. Dopo la corsa sarò sicuramente molto finito, ma ho fatto qualcosa per la mia forma fisica. E se l'occasione si presenta di nuovo, sarò ancora più veloce e ancora meglio di prima! Chi pensi che inizierà la corsa e, se entrambi lo fanno, chi otterrà il risultato migliore se tutte le condizioni sono altrimenti uguali? La risposta è chiara.....

Questa mentalità che ti aiuta a vedere le possibilità invece dei rischi, a riconoscere le sfide dei problemi - questa mentalità può essere addestrata, e puoi condizionarti per questo! Ed ecco la parola che ci fa tanta paura quando la leggiamo o la sentiamo. Condizionamento! Ma possiamo davvero trarre beneficio dalla formazione per essere un pensatore positivo. E quello e' il tuo apriscatole. In questo modo si vedono le opportunità invece di rischi, in questo modo si vedono le opportunità invece di porte chiuse a chiave.

Quindi devi allenarti a condizionare, in altre parole, a collegare certe cose a certe situazioni, segnali o stimoli. E questo sia nel positivo che nel negativo. Questo ti aiuta a fare certe cose e a lasciarti alle spalle altre cose. La chiave, per anticiparlo, è collegare i pensieri e le azioni positive con sentimenti di felicità ed emozioni euforiche e collegare il dolore con cose negative, improduttive o cattive. Questo strumento è molto violento e incredibilmente potente, ma sarà anche l'arma più evidente che utilizzerete per rendervi felici e di successo. Affare fatto?

È facile da spiegare, ma l'attuazione non è così facile, perché richiedono molto tempo, pazienza e nervi. Ma una volta che ci sei, sei in uno stato di cui ogni persona di successo parla: allora nessuno può fermarti! I più grandi relatori del mondo, i migliori atleti del mondo, si sono tutti concentrati sul raggiungimento delle loro migliori prestazioni nel giorno della competizione. E questo funziona molto spesso, perché si sono condizionati da questo successo e da questa situazione.

Come funziona? Hai bisogno di collegare gli stati positivi, anche veramente euforici, con cose che ti portano avanti e più vicino ai tuoi obiettivi. Questo viene fatto attraverso una connessione mente-pensiero: se si pensa allo stato di destinazione, il raggiungimento di un obiettivo reale, allora si devono collegare momenti di gioia impressionanti con questo pensiero. Deve esserci più endorfina che scorre attraverso il corpo. Questo può anche essere dimostrato biologicamente! Ascolta la tua musica quando ci pensi, crea una situazione in cui ti senti incredibilmente bene, potente, equilibrata, felice, amichevole e amata, e poi pensa ai tuoi obiettivi. Mangiare il tuo cibo preferito, guardare il tuo programma preferito. In tutti questi momenti dovreste e DEVE pensare ai vostri obiettivi REALI e allo stato di destinazione associato. Puoi fare tutto questo in qualsiasi momento e in qualsiasi momento in cui sei arrivato dove vuoi essere. Quindi ora dovresti vivere questa sensazione il meglio che puoi. Associare sempre i propri obiettivi a situazioni e stati fortemente positivi. E lo si deve fare regolarmente, ogni ora, almeno ogni giorno, per settimane, forse mesi, a seconda di quanto velocemente ci si può convincere. Affinché tu sia così positivamente condizionato che in ogni situazione in cui ti trovi, per quanto impegnativa o estenuante, potresti quasi scoppiare di gioia se pensi ai tuoi obiettivi: perché hai subito la sensazione di fare tutto questo per un motivo. Riempite immediatamente la vostra forza, la vostra motivazione a continuare, perché sapete che vi ripagherà. Possono volerci settimane o addirittura mesi prima che tu abbia imparato questo processo e possa drogarti con le endorfine in quasi tutte le situazioni. Ma quando sei pronto, non ti stancherai mai di fare qualcosa che ti porta oltre, per quanto difficile sembri. Allora sei INFRASTABILE!

E ora stai facendo la stessa cosa al contrario. Cioè, nella direzione negativa. E sta diventando ancora più scomodo. Per ora la vostra situazione attuale, tutte le cose e le circostanze con cui siete insoddisfatti o infelici, devono essere collegati con le emozioni negative, anche con il dolore emotivo. Il livello approssimativamente equivalente del vostro dolore deve essere nell'intervallo di se siete ora, dal nulla, portato via 10.000 euro Forse una multa perché non avete controllato correttamente il contatore elettrico o semplicemente ha funzionato completamente sbagliato. Per qualsiasi motivo: dovete pagare questo pagamento ora! Fa male, vero? Farebbe davvero, davvero male. Ed è esattamente il tipo di dolore di cui hai bisogno per connetterti alla tua situazione attuale. Con la situazione in cui non vuoi più essere, con le condizioni in cui non vuoi più vivere. Un semplice fatto: "Non c'è più desiderio per esso" non è più sufficiente qui. Era prima, e non ti ha aiutato prima. Ora è un altro livello. Ora devi collegare il dolore profondo ad esso. Collega cose che non ti porteranno da nessuna parte con un dolore psichico assoluto. Deve far male. Deve far male gettare i soldi fuori dalla finestra ogni mese solo per stordirti un momento, distrarti dai tuoi obiettivi, o fare cose che non puoi fare. Anche se hai già risparmiato qualche soldo da cui ora puoi comprare una bella macchina: Deve ancora fare così tanto male che non si pensa neanche per un secondo a spenderlo per delle sciocchezze ora, ma cogli l'occasione per investirlo in modo sensato. E con questo investimento poi sentire i pensieri positivi. Un gioco di emozioni, ma incredibilmente potente.

Hai bisogno del dolore, del disagio, del cambiamento. E tuttavia siate onesti con voi stessi: Se non lo fosse stato, avresti cambiato qualcosa prima. Tutti noi ci stanchiamo, la nostra forza viene derubata, diventiamo più deboli se sentiamo permanentemente il dolore. Abbiamo parlato di antidolorifici da qualche altra parte. Ma troveremo un modo per uscire da li'. Come non dobbiamo piu' sentire dolore. Come diventare indolore. Per questo ci rivolgiamo ai medici. Perché non vogliamo e non possiamo vivere con questo dolore *(e speriamo di non doverlo fare). So che si tratta di una questione molto delicata e non è nemmeno psicologicamente facile. Pertanto vi chiedo espressamente di orientarvi con questi treni di pensiero solo al pensiero orientato al successo e di applicare queste conoscenze solo se volete avere più successo. Non voglio discutere qui di malattie mentali o altre condizioni, ma ovviamente sono drammatiche e non possono essere minimizzate. Pertanto, le chiedo di vedere in queste osservazioni solo il contesto del pensiero orientato al successo).*

Collega il dolore alla tua situazione attuale. Nel caso più estremo, puoi davvero associarlo a momenti per te molto spiacevoli. Ma non puoi e non devi necessariamente spingerti cosi' lontano. Solo se non è possibile costruire un'urgenza sufficiente in un altro modo. Basta associare queste situazioni a malessere, insoddisfazione, insoddisfazione, infelicità. Fai a modo tuo, come credi che sia giusto. Ma fallo funzionare davvero. Se non è possibile creare tali connessioni di nuovo qui per comodità, allora non vi servirà a nulla di buono. Tuttavia, il principio di base è: il più lieve possibile, il più doloroso possibile, il più doloroso possibile. Non c'è una regola generale, perché tutti noi affrontiamo la pressione psicologica in modo diverso e alcuni di noi affrontano meglio o più duramente la pressione psicologica. Situazioni che non ti piacciono e che non ti fanno progredire, da cui non hai alcun beneficio, dovrebbero essere associate a emozioni negative o cattive. Il compito ora è vostro compito di applicarlo di conseguenza.

Trovati un mentore

Le tue azioni di oggi gettano le basi per la tua vita del mattino. Significa che devi decidere da solo cosa ti succedera' domani. Sei tu il fattore scatenante. Non può cambiare nulla se non si cambia qualcosa. Penso che abbiamo già parlato o scritto di queste cose in modo più dettagliato. Tuttavia, ci sono cose che puoi creare da solo, che dovresti creare da solo o che devi creare da solo. Non ci sono altre possibilità. Anche se ci saranno sempre opportunità per voi di essere sostenuti, alla fine dovete sempre essere disposti ad assumervi le vostre responsabilità in caso di dubbio e ad essere responsabili del vostro successo. Ma questo non significa che sei davvero solo, pero'. Ci sono sempre persone che hanno portato a termine con successo le loro azioni precedenti, che hanno già vissuto la situazione che state vivendo in modo simile e che possono darvi preziosi indizi con la loro conoscenza ed esperienza. Possono dare un importante contributo a ciò che fai e come lo fai e, cosa più importante, che lo fai!

Queste persone che fanno esattamente questo non sono necessariamente i tuoi migliori amici, non necessariamente i tuoi partner commerciali. Sono allenatori e mentori che ti sostengono esattamente nel fare le tue cose. Perché siamo onesti: quanto siete stati soddisfatti dei risultati ottenuti finora, quando avete fatto davvero qualcosa con passione, impegno ed entusiasmo? Il risultato è stato sicuramente buono, vero? Forse ora è meglio sapere cosa si sta succhiando ora, ma il risultato è stato davvero notevole. Ma potete trasferire questa capacità a tutti gli altri processi e situazioni in cui le cose devono essere fatte? Probabilmente e' difficile. E poi ottenere risultati così eccezionali in queste situazioni è probabilmente altrettanto difficile. Cosa puo' davvero aiutarti in questo? O consigli su come ottenere un buon risultato, o un motivatore per aiutarvi a rendere la vostra fiamma ardente in modo tale che si è desiderosi di completare con successo questo processo. Perche' probabilmente ti fara' fare un buon punteggio, giusto?

Un mentore fa proprio questo! Un mentore non è una persona che può fare tutto, sa tutto, e ti fornisce una routine quotidiana strutturata che segui semplicemente con testardaggine e speri di avere successo domani. Un mentore vi aiuterà a fornire una buona consulenza nella vostra zona e vi motiverà ad ottenere le massime prestazioni in ogni situazione. Un mentore può fare proprio questo! Può accendere il fuoco e dirigere le fiamme in modo che si accenda una traccia di bruciatura che corre esattamente nella direzione del bersaglio. Un mentore ha sempre benzina all'inizio per mantenere viva la tua fiamma e rendere il fuoco sempre più grande. E ad un certo punto la tua fiamma probabilmente accenderà altri che bruceranno anch'essi. e insieme si brucia in modo più bello! Vedi quanto è importante che la tua fiamma continui a bruciare? Capisci perché è importante avere un mentore ma essere comunque responsabile di cosa dovrebbe bruciare?

Ci sono molte persone là fuori che vogliono bruciare, ma che strisciano la loro fiamma sul bocciolo. Ci sono molte persone là fuori che hanno bisogno dello stoppino necessario. Ma sono in pochi a rendersene conto.

Ci sono anche molti mentori e allenatori che vedono la tua fiamma, ma solo pochi che hanno il gas con loro. Fidatevi delle vostre esperienze personali o delle esperienze oneste altrui. Non importa quanto "buono" sia un coach o un mentore. E' importante che parliate la stessa lingua, dovete avere la stessa comprensione. La tua fiamma non ti farà bene se il tuo mentore ha solo fiammiferi per te. Fare esperienza, essere intelligenti, parlare con il proprio mentore. Vedrai se ha della benzina o dei fiammiferi per te.

Ho anche un mentore, ho anche qualcuno che rifornisce la mia fiamma di benzina.

Cosa sono le sconfitte e come le affronti?

La parola sconfitta è più dolorosa emotivamente e negativa di quasi tutte le altre parole. Una sconfitta significa che hai perso. E una perdita di solito non è mai facile da portare via.

Di solito associamo le sconfitte a una competizione, una situazione competitiva in cui siamo stati sconfitti. Tuttavia, la sconfitta può anche significare che otteniamo un risultato molto al di sotto delle nostre aspettative. Per lo più, colleghiamo il risultato ai nostri sforzi, al tempo che abbiamo investito in esso e alle risorse che abbiamo speso per determinare in ultima analisi, se abbiamo vissuto una vittoria o una perdita. Più abbiamo investito nel risultato, più grande sarà spesso la sconfitta.

Ciò significa da un lato che l'uscita è considerata in relazione all'ingresso, e dall'altro lato ciò che ci aspettiamo come risultato.

Puoi e dovresti determinare tu stesso l'input in qualsiasi momento. Qui si applica completamente la regola "non fare le cose a metà". Rendere le cose a metà cuore non dovrebbe essere all'ordine del giorno per voi, perché daranno solo risultati a metà cuore che non vi soddisferanno e non vi porteranno da nessuna parte. Questo significa che idealmente il vostro input dovrebbe essere sempre molto grande, dovreste sempre fare del vostro meglio per ottenere il meglio da esso. Tuttavia, naturalmente non bisogna perdersi nei dettagli. Abbiamo già parlato del principio di Pareto 80/20, che dovrebbe essere sempre utilizzato per accompagnare processi importanti e fare progressi, anche nei processi di routine. L'input dipende ovviamente anche dall'importanza di un compito e di un processo per voi e per i vostri progressi.

Il secondo punto è ciò che ci aspettiamo da un risultato. E qui, avete indovinato, la soluzione è di nuovo ovvia. Il risultato è sempre nell'occhio di chi guarda. E la soluzione qui non è che tu debba abbassare le tue richieste tanto quanto qualsiasi risultato sarebbe più positivo per te di quanto non lo sia affatto. Le sconfitte non sono lì per segnalarvi che la prossima volta è necessario ridurre al minimo le vostre richieste di risarcimento per ottenere un risultato soddisfacente. Le sconfitte ti dicono esattamente due cose:

1. Controlla la tua percezione del rapporto ingresso/uscita
2. La prossima volta dovremo migliorare.

Queste sono due affermazioni piuttosto difficili e scomode, ma possono darvi un enorme potenziale. Che ti succede?

Se si subisce una sconfitta, il risultato non è stato appropriato ai propri sforzi e investimenti. Ciò è dovuto alla qualità e alla quantità del vostro investimento o all'aspettativa del vostro risultato. Deve essere uno dei due fattori. O ti sei perso qualcosa nella preparazione o nell'esecuzione. Forse l'analisi delle esigenze di ciò che è necessario investire per il risultato desiderato non è stata adeguata, inadeguata o non si è stato sciatto con l'esecuzione. Se stai giocando al Real Madrid in Champions League, avrai bisogno di un'analisi approfondita prima della partita e dovrai fare tutto il possibile sul campo per essere il vincitore. Entrambi i fattori, la preparazione e l'attuazione, devono essere adeguati.

Se entrambi in forma e avete comunque subito una sconfitta, allora c'erano aspettative apparentemente troppo elevate per il vostro risultato. Hai semplicemente pensato che avresti vinto contro il Real Madrid senza vedere che sarebbe stato molto difficile vincere. Le tue aspettative erano semplicemente troppo alte. Questo non significa che non dovreste porvi obiettivi ambiziosi, ma che dovreste vederli in correlazione con le vostre esigenze attuali. Il tuo obiettivo di sconfiggere il Real Madrid dovrebbe rimanere in ogni momento. Si può e si deve anche pensare ad un 5-0. Tuttavia, è anche necessario essere realistici e riconoscere in quale fase della preparazione ci si trova ancora. Se volete ottenere la patente di guida e sostenere l'esame teorico anche se avete completato solo due lezioni teoriche, la vostra ambizione e il vostro obiettivo sono certamente giusti, ma la vostra situazione di preparazione non è ancora pronta per il vostro obiettivo da realizzare domani. Questo significa che i grandi obiettivi sono importanti. Sono necessari! In qualsiasi momento, indipendentemente dallo stato di preparazione. Tuttavia, è necessario adattare il tempo al momento decisivo di conseguenza. Questo è solo il fattore decisivo di nient'altro. Non importa quale sia il tuo livello attuale, se hai grandi obiettivi e vuoi raggiungerli il più velocemente possibile, devi essere pronto a mettere tutto il possibile nella preparazione. Se questo non è direttamente possibile per voi per un dato motivo e avete ancora bisogno di prolungare un po' la fase di preparazione, allora non è necessario abbassare i vostri obiettivi, ma stimare realisticamente il tempo da raggiungere o semplicemente calpestare il gas. Queste sono le viti di regolazione che potete girare. E se si padroneggia molto bene questa fase, allora una vittoria per 5-0 contro il Real Madrid sarà realistica.

Assumersi la responsabilità

Si tratta di un punto molto difficile, ma anche importante quando si tratta di successo. Assumersi le proprie responsabilità e dare inizio alle conseguenze. Non solo suona drammatico, ma lo è sicuramente.

Ti prendi la responsabilità per tutto quello che fai? Istintivamente, probabilmente risponderesti di sì. In effetti, dobbiamo ancora vedere se è davvero così. Perché il punto è che sei responsabile di tutto ciò che fai e della maggior parte di ciò che ti succede. Ciò implica che siete responsabili dall'inizio alla fine. Per la preparazione, per il processo stesso e per la qualità del risultato. Ti stai davvero assumendo la responsabilità di tutto questo e ne sei consapevole?

Sicuramente a questa affermazione si può rispondere in modo molto banale, ma lo scopo è quello di affrontare realmente questo argomento in modo più intenso e di riconoscere come risultato quale influenza avete realmente sulle cose e quale potere avete con la responsabilità di plasmarle nel modo che è ottimale per voi.

Ci sono state o ci sono situazioni attuali in cui ti trovi, risultati che hai ricevuto o problemi con cui ti trovi di fronte, di cui non hai la colpa e che ancora stai vivendo? Ci sono cose che non rientrano nella sua area di responsabilità e che ancora influenzano o almeno influenzano la sua vita? E ci sono situazioni in cui pensi che non è il tuo lavoro cambiare qualcosa lì, e ne sopporti le conseguenze anche se non ne sei soddisfatto, quindi sei in una sorta di stato "duraturo"? Aspettate o aspettate qualcosa, un cambiamento, un miglioramento, un risultato, senza fare nulla direttamente e attivamente per esso, perché pensate che non sia il vostro compito?

Beh, dovrei deluderti ora o aspettare ancora un po'? Dai, te lo aspetti. Poi possiamo farlo direttamente. Certo che sei tu il responsabile. Ora. Ora. Ora. Prima di quello. Per la preparazione e per il processo e ancora di più per il risultato. Attivo e passivo. Sei responsabile di tutto quello che succede nella tua vita. Naturalmente non si può prevedere il futuro e sapere quale persona si incontra e quale situazione si verifica, ma si ha sempre, in qualsiasi momento e in qualsiasi luogo, la responsabilità di come si affronta la situazione e cosa si fa di essa. Questo non cambiera' mai. Non importa in quale situazione ti trovi. Hai sempre la completa responsabilità per queste due cose.

Se hai fallito un esame, a chi dare la colpa? L'insegnante o il professore, l'esame, il tempo? Se si va a fare la spesa e avere un sacco di cibo malsano nel carrello della spesa e, infine, nei vostri armadi a casa, anche se si voleva perdere peso. A chi dare la colpa? Il supermercato, il marketing? Se hai un rapporto di lavoro e sei insoddisfatto della tua paga, a chi dare la colpa? So che e' un argomento delicato, quindi lo sto affrontando qui.

Vuoi che te lo dica? E' colpa tua! Sei responsabile di tutto ciò che ti succede e ti succederà. Che ti succede? Semplicemente perché si decide come affrontare la situazione, come lasciarsi influenzare dalle circostanze e come continuare d'ora in poi. Il modo in cui procedete determina la probabilità che vi ritroverete di nuovo in situazioni simili. Sono sicuro che le accadranno circostanze impreviste. Tuttavia, se prendete un particolare percorso, sarete in grado di calcolare molto di più su quali situazioni e quali cose vi accadono lì che se avete preso un percorso diverso.

Esempio: vuoi diventare un cantante. Quindi ora andrai nei posti dove di solito vanno i cantanti. Sicuramente troverete anche altri artisti come pittori e scrittori. Tuttavia, la probabilità di incontrare altri cantanti è maggiore. E' la stessa cosa con il tuo modo di procedere. Pertanto, la gestione di diverse situazioni determina anche la probabilità di continuare azioni che hanno maggiori probabilità di portare a termine determinate situazioni. Che vivi in un appartamento di due stanze e fai un lavoro mal pagato che non ti piace. Di chi e' la colpa? Non quello dello Stato, non quello della politica, non quello dell'economia. Decidi tu che tipo di addestramento completi. Decidete quando e dove fare domanda per qualcosa e decidete con chi lavorate e quando come cosa. Puoi anche decidere sul tuo stipendio mensile determinando quali qualifiche hai, quali qualifiche hai e quale valore aggiunto apporti. Queste sono tutte cose su cui tu, e solo tu, hai un'influenza diretta.

Vorrei che fosse un po' più chiaro: Non sei responsabile di ogni situazione. Una piccola collisione con un'altra auto può anche essere colpa dell'altra parte dell'incidente. Ma è colpa tua se lasci che questa situazione penetri nella tua vita e d'ora in poi ti domina, indipendentemente dalla forma che assume. È colpa tua se non sporgere denuncia ed è colpa tua se non porti l'auto in garage in modo che possa essere riparata se l'altra parte dell'incidente o la sua assicurazione la prende addirittura in consegna. Dipende sempre e ovunque da come ci si prepara a qualcosa, ma molto di più da cosa si fa con questa situazione e da come la si affronta, ancora di più, da quali conclusioni ne trae e da come esse determinano il suo ulteriore corso d'azione.

E tutti questi esempi sono quelli che possono essere proiettati quasi idealmente sulla propria vita. Non importa necessariamente cosa succede. Ma non è una priorità assoluta quello che succede quando accade qualcosa, purché ci si assuma la responsabilità di ciò che si fa e di come si procede.

Ecco perché la regola fondamentale è: assumersi la responsabilità di ogni decisione che si prende. Perché con questo si assume anche la responsabilità per le cose che non si fanno e questa è la ciotola. Quindi sei responsabile di tutto ciò che fai, così come di tutto ciò che non fai direttamente o che risulta da esso, che ti succede.

Naturalmente, di solito è più facile a dirlo che a farlo. Perché forse per lei si pone già la prima domanda: di cosa dovrei assumermi la responsabilità? La risposta è: per tutto! Perché quando ti assumi delle responsabilità, cosa fai, cosa non fai, con cosa tratti e con cosa non tratti, prendi delle decisioni. E vi dico: le persone di successo prendono fino a 10.000 decisioni al giorno in più rispetto a quelle non riuscite, consapevolmente e inconsapevolmente. E la maggior parte va dritto nelle sue carte. E hanno dovuto imparare anche questo. Ma poiché l'hanno imparato, sono in grado di avere successo e di agire in modo tale che il successo rimanga.

Naturalmente, assumersi delle responsabilità non è sempre piacevole, e nella maggior parte dei casi è vero il contrario: è faticoso, difficile, sgradevole e talvolta spaventoso. Perché se vi assumete la responsabilità, significa che alla fine dovrete affrontare la questione e che dovrete assumervi la responsabilità del processo e dell'esito. Non puoi tirarti fuori dalla relazione e lasciare che le cose accadano. Perché allora potrebbero essere consegnati processi e risultati che ti rendono insoddisfatto o rendono ancora più difficile per te camminare sulla strada del successo e che hanno conseguenze di cui devi rispondere. Ma questo ti da' possibilita' e opportunita'. Non lasciare che ti spaventi. E' bello avere delle responsabilità. In questo modo non è necessario rendersi dipendenti da nessuno e decidere da soli in merito al successo o al fallimento. Perché quando si passa la responsabilità, di solito si può solo essere delusi. Non perché gli altri non sono in grado di fornire una buona qualità, ma perché sei troppo dipendente da loro, e questa dipendenza ti spinge sempre in un atteggiamento di attesa e di aspettativa da cui non puoi quasi mai trarre profitto. Se ti assumi delle responsabilità, significa anche che devi affrontare le cose con le quali potresti sentirti a disagio o che volevi rimandare. Abbiamo parlato del modo migliore per gestire queste cose. Dovresti fare le cose per bene. E ora devi anche assumerti le tue responsabilità. Tuttavia, vi dà l'opportunità di ottenere il controllo. E come probabilmente avrete notato più volte nella vostra vita, il controllo è uno dei fattori chiave per il progresso.

La risposta alla domanda: "Perché è così importante assumersi la responsabilità di tutto" è semplicemente: "Perché si ha il controllo quando si ha la responsabilità". Il significato potrebbe diventare ancora più chiaro se formuliamo questa affermazione negativa: "Si abbandona il controllo quando si rinuncia alla responsabilità". E cosa succede quando si perde il controllo? Cosa intendi per perdita di controllo? Lo associa a cose positive? Non e' vero? Allora perche' dovrebbe essere diverso nella tua vita? E' improvvisamente positivo? Stronzate! Perdita di controllo significa che hai pochi o nessun effetto sulla quantità e qualità delle azioni che influenzano in modo significativo voi e la vostra vita. Non hai più il controllo su dove il sentiero, il tuo percorso, il tuo percorso, dovrebbe andare. Ricordi perché la strada che prendi è importante? Vuoi che lo faccia? Vuoi rischiare tutto il percorso che ti sei già lasciato alle spalle dando il controllo a qualcun altro d'ora in poi? Forse questo o quel qualcuno sta andando in un modo completamente diverso, che porta esattamente nella direzione opposta, in cui si sta andando per così tanto tempo e così laboriosamente. Forse va un po' nella tua direzione, può portarti con lui, ma poi gira a sinistra. Il pericolo di perdere la strada è incredibilmente grande quando non hai più il controllo. La responsabilità è il controllo! Rinunciare alla responsabilità significa perdere il controllo sul fatto che le cose vadano avanti o meno. Sarà quasi un prodotto del caso per voi, perché nessun altro sa bene quanto voi quello che volete, quello che vi aspettate e, soprattutto, dove volete andare. Se hai un obiettivo e stai cercando la strada per raggiungerlo, è anche importante che tu guidi da solo. Forse non tutto, forse qualcun altro può guidare per un po'. Tuttavia, devi sempre controllare se sta andando nella direzione in cui vuoi che vada. Se si fa l'autostop, l'autista dovrebbe anche guidare nella vostra direzione. Se lei/lei guida in una direzione completamente diversa, sarete ancora più lontani dalla vostra destinazione in seguito. Così qualcuno può prendere il volante, che interverrà per voi per un breve periodo di tempo, dove sapete che lei o lui continuerà il vostro cammino. Prima o poi, però, dovrete riprendere il pieno controllo della ruota, poiché dovrete decidere se c'è una scorciatoia, se è un'opzione per voi, quando fare rifornimento e quanto velocemente volete andare.

Riconoscere che questo esempio non è così superficiale e fittizio come si legge inizialmente. Riconoscere che questo esempio può essere applicato accuratamente alla vostra vita, al vostro modo di vivere e alle scelte che fate. Quando ti rendi conto di questo e vedi quanto sia importante avere il controllo su te stesso, sulle tue decisioni e sulla tua vita, vedrai quanto sia importante assumersi delle responsabilità. Sempre! Per tutto! Ti portera' avanti.

Tieni un diario

Un diario è uno strumento potente quando si tratta di registrare i processi e i loro risultati e di collegarli ad alcuni fatti molto importanti. Puoi usarlo per verificare i progressi effettivi, ma anche i progressi che potresti aver fatto a livello emotivo, la facilità con cui le cose sono diventate facili per te, o quali processi sono superflui.

La registrazione scritta è uno strumento indispensabile per il vostro cammino verso il successo. Ma il tuo diario può fare ancora di più: ha anche una funzione di controllo. Quindi significa: a seconda di quanto attentamente conservate il vostro diario, potete vedere lo stato attuale di un progetto o processo. Se attualmente si stanno girando più viti contemporaneamente, questo vi aiuterà a tenere traccia e a procedere secondo la struttura.

Il diario non deve essere tenuto in forma rigida. Non ha bisogno di alcun formato speciale. È importante annotare i fatti importanti che sono significativi per voi e per i vostri compiti e obiettivi e trasmettere informazioni che saranno di interesse anche in seguito. Le seguenti informazioni possono aiutarvi:

Cosa si sta facendo?

Perché è stato fatto?

Quando ho iniziato?

Quando voglio finirlo?

Di cosa ho bisogno per questo?

Da quali fattori dipende il successo del processo?

Che influenza ho?

Quali sono le mie risorse necessarie?

Quali risorse devono ancora essere apportate?

Come faccio ad affrontare il compito?

Che importanza ha questo processo per i miei obiettivi?

Qual è lo stato attuale?

Per quali processi questo processo è un prerequisito?

Come potete vedere, queste sono solo alcune domande di cui c'è molto di più. È importante che selezioniate alcune domande significative per voi e che registriate i processi in modo sufficientemente dettagliato in modo da avere una buona visione d'insieme anche in un secondo momento. Mantieni il tuo diario strutturato e organizzato, ma non secondo linee guida rigorose. Sono sicuro che puoi creare un modello per te stesso. Tuttavia, questo dovrebbe essere strutturato in modo significativo per voi.

Le abitudini di chi ha avuto successo

Abbiamo già parlato molto di ciò che può rendere il vostro successo o anche di più successo. Ciò richiede una certa riprogrammazione dei vostri schemi di pensiero. Questo è logico, perché se vuoi cambiare qualcosa, devi prima cambiare il tuo modo di pensare. Perche' finora ti ha portato dove sei adesso. Se vuoi continuare ad andare avanti, hai bisogno di altri strumenti ora.

E' come un sistema di navigazione. Se si dispone di un sistema di navigazione che ha come mappa solo la Germania, è possibile utilizzarlo solo in Germania. Ma se vuoi andare all'estero e utilizzare il tuo dispositivo di navigazione, hai bisogno di un aggiornamento o di un altro sistema di navigazione. Una che ha anche mappe dei paesi circostanti. In primo luogo, non è così importante se il sistema di navigazione è più facile da usare, più veloce o presenta altri vantaggi. Prima di tutto, è necessario per essere in grado di vedere le carte straniere a tutti.

Si può anche decidere di prendere in prestito il sistema di navigazione dagli amici per ottenere queste mappe. In altre parole, se si vuole andare avanti, si possono prima prendere in mano le cose che altre persone di successo hanno fatto per andare avanti. A poco a poco, diventerai piu' indipendente. Conosci sempre meglio i luoghi all'estero e non hai più bisogno del sistema GPS del tuo amico. Troverai la strada da solo. E ora c'è anche il tempo, dove si progredisce ulteriormente e si fanno progressi nel proprio tour di esplorazione.

Significa in parole semplici: se vuoi cambiare qualcosa e riprogrammare il tuo modo di pensare, puoi naturalmente prima prendere il posto di altre cose che hanno avuto successo, perché apparentemente hanno già discusso i processi di pensiero con cui hanno fatto ulteriori progressi. Gradualmente, però, diventa sempre più importante fare le proprie esperienze e sviluppare il proprio senso di orientamento sulla base di queste esperienze, i sistemi di navigazione degli altri.

Prendi il controllo dei sistemi di navigazione altrui per ora. Così acquisire qualità e modi di pensare che hanno reso altre persone di successo. In questo modo sarà molto più facile per voi per iniziare! Non è necessario reinventare la ruota tutto il tempo. È sufficiente adattare o ottimizzare i processi esistenti. In questo modo è possibile costruire su un concetto già esistente e di successo.

La routine mattutina

Uno di questi processi è la routine mattutina. Cos'e' una routine mattutina? È un processo che si ripete ogni mattina, preferibilmente sette giorni alla settimana, più e più volte. E' cosi' che e' nato il nome.

Perche' avresti dovuto introdurre una routine mattutina? Per la semplice ragione che la mattina è il primo contatto tra voi e il nuovo giorno. Il modo in cui si inizia la giornata può aumentare drasticamente la motivazione, il motore di azionamento per la giornata, l'impulso. Immagina di svegliarti ogni mattina e di non alzarti dal letto. Puoi impostare la sveglia in anticipo, ma hai già impostato altri cinque timer direttamente, dato che non ti aspetti di svegliarti e di alzarti comunque direttamente al primo allarme. E' davvero difficile per te, perché sei ancora incredibilmente stanco, depresso, fa freddo fuori, fa caldo a letto, e ancora così accogliente, e: "Oh, oggi posso anche fare a meno della colazione o mangiare qualcosa lungo la strada. Importanti sono i 9 minuti di sonno in più che ho". Lo conosci?

Quanto pensi che questo processo sia produttivo per iniziare una giornata di successo e di fame? Per favore, rispondi tu stesso alla domanda. Credi di poter rendere una giornata incredibile con questo atteggiamento? Oppure puoi ricaricare le batterie con questi 9 minuti in più grazie al tuo timer per andare davvero avanti? Sai come si fa ad andare a scuola, all'università o alla formazione, al lavoro o ovunque tu sia? Questo probabilmente non ti incoraggia a dare il meglio di te.

Pensi di dover fare qualcosa di diverso per iniziare una giornata diversa? È dimostrato che il vostro equipaggiamento emotivo mattutino, cioè la vostra mentalità, la vostra energia, la vostra fame, influenza l'intera giornata. È dimostrato che il modo in cui si inizia la giornata ha conseguenze dirette per il resto della giornata.

Non lo sai anche tu che quando sei molto stanco al mattino e non alzarti dal letto, quando sei così svogliato tutto il giorno, abbattuto e in qualche modo davvero "applausi"? Vi siete mai chiesti perché? Spesso diciamo che abbiamo dormito troppo poco o addirittura troppo e che siamo quindi super svogliati. Giusto il 10 percento delle volte, immagino. Hai mai sentito parlare del bioritmo? Che il nostro equilibrio ormonale dipende da influenze esterne come la luce del sole, il buio e così via? Questo è uno dei motivi per cui nella maggior parte dei casi sarete molto stanchi quando andrete a dormire alle 4 del mattino e vi sveglierete all'1 del pomeriggio anche se avete dormito per nove ore. Anche se riesci a dormire così, avrai comunque finito. Vi siete mai chiesti perché?

Bioritmo è un termine generico per una moltitudine di processi fisiologici legati a fattori endogeni ed esogeni. Non coglie la complessità delle cose che dovrebbe descrivere, ma fondamentalmente dice che esiste un ritmo. Ti stanchi la notte, ti svegli la mattina. Si dorme diversamente in una stanza completamente buia che in una stanza luminosa, la luce del sole ti rende più attivo del buio. Sono tutti processi che nascono da connessioni fisiologiche e che più o meno determinano la vostra routine quotidiana. Piu' che meno. Ed è proprio per questo motivo che non si dovrebbe, o non così spesso, andare contro questo ritmo. Ti punisce con la fatica, la fatica, la fatica, la pigrizia. La biologia vince sempre, prima o poi.

E la cosa sorprendente è: riconoscete somiglianze tra un ritmo e una routine? Solo che entrambi iniziano con la "R" e hanno sette lettere. Descrivono un fenomeno simile: modelli ripetitivi, processi identici, risultati replicabili. Capirebbe il senso se la chiamassi ritmo mattutino? O bioroutine? Probabilmente già! Pensi che questo collegamento sia arbitrario? Non credo proprio.

Una routine mattutina aiuta a iniziare la giornata in modo strutturato e mirato. Questo ti dà un focus che ti permette di rendere le tue cose quotidiane più produttive. Questo a sua volta si traduce in una spinta interiore, la cosiddetta spinta, a rendere altrettanto produttive le seguenti cose. Così la vostra routine mattutina vi aiuta ad avere un'influenza positiva non solo spirituale ma anche pratica sulle cose. La vostra routine mattutina vi aiuta a visualizzare e motivare i vostri obiettivi ogni mattina e a darvi un motivo per alzarvi e avere successo ogni giorno. Mettetevi al passo con la routine mattutina e otterrete un fuoco affilato come un rasoio. Giorno dopo giorno dopo giorno dopo giorno dopo giorno.....

Come dovrebbe essere la tua routine mattutina?

La routine mattutina può essere progettata individualmente come un foglio di carta bianca. L'unica cosa importante è che sia vantaggioso per voi e per i vostri obiettivi e che vi riforniate di carburante attraverso questo potere e mettiate a fuoco. Mezzi: fare ciò che ti rende felice e ti motiva.

C'è un'incredibile quantità di margine di manovra tra questi arieti, ma alcune cose si sono cristallizzate che ti danno molta energia e rendono la tua concentrazione più pronunciata. Anche questi vengono svolti dai grandi successi, almeno se ci si fida della tradizione.

Dovresti iniziare la giornata con un bel sorso d'acqua. Durante la notte, hai consumato molta energia e acqua. Affinché il tuo organismo funzioni molto bene, dovresti bere un grosso sorso d'acqua. Aiuta a reintegrare le cellule e a sfruttarne la piena funzionalità. Poi, dovresti iniziare con alcuni esercizi di stretching. Non molto. Cosi' da attivare le fibre muscolari, come si dice. Mentendo per ore e rilassandosi continuamente, il corpo ha bisogno di stimoli per ritrovare la sua forza. Hai mai provato ad aprire una bottiglia d'acqua chiusa subito dopo essersi alzato? Se è così, allora sai cosa voglio dire. Con i tuoi esercizi di stretching, dovresti coprire tutto il tuo corpo una volta sola.

Poi, una doccia fredda può farti bene. Freddo perché stimola la circolazione, favorisce la circolazione sanguigna e quindi ti riporta più velocemente in pista. Ti rendi subito conto che stai diventando notevolmente più sveglio.

fase di ispirazione

Dopo la doccia è possibile e doveroso leggere, visualizzare e consolidare gli obiettivi di cui abbiamo già parlato. Puoi farlo in modi diversi. È importante solo che memorizzi i tuoi obiettivi nella tua mente subconscia e li richiami davanti al tuo occhio mentale. Questo ti dà la motivazione per avere oggi una giornata estremamente positiva e produttiva perché sai per cosa stai facendo le cose. La fase in cui si richiamano i propri obiettivi, li si leggono, si consolidano, o si fa qualche tipo di recupero è una delle fasi più importanti della routine mattutina. Non è solo una parte della vostra fase di meditazione, ma fa parte della vostra pianificazione quotidiana.

Nella fase di meditazione dovreste fare tutto il possibile per costruire la vostra concentrazione e alimentare la vostra motivazione per la giornata. Qui può aiutare a leggere alcune pagine di un libro di coaching di successo DOPO aver fissato i propri obiettivi e le loro visualizzazioni. Queste dovrebbero sempre essere le pietre miliari del tuo rituale mattutino. Non c'è motore più potente, non ci sono motivatori più grandi dei propri obiettivi!

Per la tua meditazione puoi ancora ascoltare la musica. Musica strumentale, musica classica, musica classica, musica epica, discorsi motivazionali, conferenze, biografie, audiolibri, immagini, video, spesso aiutano qui. Tutto è permesso. E 'importante che dovrebbe darvi la motivazione, che si può poi mettere su le cose che sono utili per voi e per i vostri obiettivi.

Tuttavia, vi consiglio di usare più musica invece di fissare uno schermo. La radiazione e la risoluzione del monitor renderà gli occhi stanchi e potrebbe eccitare eccessivamente i sensi al mattino, quindi non ne trarrete alcun beneficio. Tuttavia, sembra diverso se si installano video di motivazione o qualcosa di simile un po 'più tardi e li scelgono come supporto aggiuntivo.

La fase di meditazione deve durare fino a quando vi siete condizionati per avere chiaramente visualizzato il vostro obiettivo e la vostra coscienza e il vostro subconscio è completamente plasmato da queste visioni. All'inizio questo può richiedere un po' di tempo, ma con la pratica ci vogliono solo 2-3 minuti.

fase di meditazione

Nei due minuti successivi dovreste ora spegnere tutti i media e comportarvi con calma per un minuto, chiudere gli occhi e concentrarvi sull'essenziale: I tuoi obiettivi. Pensate ai vostri obiettivi, provate a sentire come ci si sente quando li avete raggiunti, vivete il momento emotivo dell'euforia e pensate a cosa dovete fare oggi per avvicinarvi un po' di più. Nel secondo minuto, apri gli occhi e parli a te stesso, a te stesso. Questo può sembrare un po' strano, in primo luogo. A un secondo sguardo, tuttavia, vedrete che vi dà un potere incredibile. Probabilmente conosci alcuni esercizi in cui devi stare davanti a uno specchio e parlare con te stesso. Questo è spesso usato per l'addestramento retorico o per presentazioni per ottenere la sovranità. Tuttavia, è scientificamente provato che quando si parla a se stessi, si esercita una maggiore influenza sui pensieri e sulla coscienza rispetto a quando si pensa solo alle cose. Beh, anche se ti sembra strano, provaci per qualche giorno. Vedrai come cambia la mentalità.

Inoltre, dipende dal vostro modo di parlare. Ci sono alcuni esempi molto interessanti. Posizionarsi di fronte a uno specchio, lasciare le spalle appese, stare in posizione eretta e abbassare leggermente la testa. Ora dite qualche parola di potere, per esempio: "Sono bravo. Ho successo. Sono forte. Ho il potere di decidere di me stesso e della mia vita. Sono in salute e felice. Farò di oggi il giorno più bello della mia vita". Non importa quanti sforzi ci mettiate, non convincerà voi o chiunque altro al mondo. Che ti succede? Perché la sua posizione invia segnali che contraddicono quanto lei ha detto. E ora sappiamo che il 90% di ciò che si dice non decide ciò che si dice, ma come si dice Emotionality vince sempre e in ogni momento sulla razionalità. Ecco perche' puoi essere cosi' convincente in quello che dici. Il modo in cui dici che ti distruggerà sempre.

Prova a ripetere le stesse parole. Ma ora tiri indietro le spalle, il petto, le spalle larghe, la testa in alto, e ora dici esattamente la stessa cosa: "Io sono bravo. Ho successo. Sono forte. Ho il potere di decidere di me stesso e della mia vita. Sono in salute e felice. Farò di oggi il giorno più bello della mia vita". Non importa quanto ti sembri strano. Per favore, provaci. E' estremamente   importante!

Riesci a sentirlo? L'hai sentito? Sei molto più sicuro, molto più convincente. Ora lo compri tu stesso. Non l'avresti mai fatto prima. E come puoi convincere altre persone delle tue capacità oggi, se non riesci a convincerti.

Il modo in cui pensi alle cose, il modo in cui parli, ha conseguenze immediate per te stesso, la tua credibilità con te stesso, e l'influenza che ha su di te e sulla tua mentalità.

Proprio per questo motivo esistono i cosiddetti Power-Moves! Tali movimenti di potenza sono movimenti potenti che permettono all'energia pura di fluire attraverso il corpo. Certo, questo suona molto astratto e spirituale, ma ha davvero un impatto diretto sulla vostra condizione psichica, in senso positivo! Guarda la preparazione del più grande e del migliore. Guarda cosa fanno gli ottimi oratori prima della loro lezione. Scopri cosa fa un Tony Robbins prima delle sue apparizioni incredibilmente potenti ed emozionanti. Ha mosse di potere che lo portano in una sorta di stato di trance dove è energico e ricco di azione. Questa energia, che ora sente emotivamente, può dirigere direttamente a se stesso, alla sua postura e al suo modo di parlare. Questo è il motivo per cui riesce anche a ispirare e spostare le persone.

Si conosce la punta di stare in piedi in piedi e potente in una presentazione e stringere i muscoli, seduti in posizione eretta durante il lavoro intenso e premendo i piedi saldamente a terra. Sono sicuro che tu conosca tutti questi piccoli consigli. Hai mai pensato al perché dovresti farlo? E l'hai fatto prima ancora di averlo giudicato? E' esattamente per questo che voglio che tu faccia queste cose. Perché ti danno forza e fiducia in te stesso, perché si raggiunge una costituzione completamente diversa da quella che si otterrebbe senza di essa. Ti daranno forza perche' tu usi la forza. La legge di trasformazione in congiunzione con la legge di conservazione della massa. Nessuna energia può essere creata o persa. Si trasforma semplicemente in altre forme. In fisica spesso in deformazione energia e calore, nell'umanità teoria dei pensieri nei fatti e viceversa.

fase di azione

Dopo la fase di meditazione sei spiritualmente su un nuovo livello. Lì ti sei catapultato e puoi prendere questo slancio, questa concentrazione e la passione che hai accumulato nella fase di meditazione nella fase di azione. La fase di azione consiste nel diventare fisicamente attivi. Questo include tutte le cose che stimolano fisicamente il tuo corpo. Così ora si può iniziare con qualche esercizio mattutino, fare qualche esercizio, fare jogging per 5-10 minuti o semplicemente fare colazione e ricaricare le batterie. Ci sono diverse opinioni su questo argomento, il che ha più senso per voi. Alcuni giurano per una colazione equilibrata e ricca di vitamine con un caffè, altri sono convinti del digiuno intermittente e mangiano, se mai, un caffè al burro (avete letto bene). In definitiva, ci sono fatti chiari che parlano per l'uno, ma anche per l'altro. La mia opinione: Provare entrambi e vedere cosa si può gestire meglio. Se lo provi, tuttavia, dovresti provare uno dei due rituali di colazione per almeno due settimane, in modo che il tuo corpo possa abituarsi ad esso e non ti accechi di fronte al cambiamento evidente, influenzando così la tua conclusione.

Passiamo ora alla domanda di tutte le domande: Dovresti fare la tua routine mattutina anche nei giorni "liberi"? La mia opinione: Sì, certo! Ti aiuta a partire con successo ogni giorno e si concentra sulle cose che ti aiutano a progredire e ti rendono felice ogni giorno. Nei giorni di riposo, tuttavia, è possibile espandere un po' il tutto. Dormi un po', tranquillo. Ma dovresti farlo lo stesso. Perché la routine mattutina sarà difficile o scomoda solo nei primi giorni e nelle prime settimane. Ad un certo punto è così saldamente integrato nella vostra vita quotidiana che non volete e non potete più farne a meno. Pertanto, anche nei giorni di riposo, non è un onere, ma un supplemento.

routine serale

Se può aiutare enormemente a iniziare la giornata produttiva e strutturata, ha senso concludere la giornata strutturata. Beh, com'e' una routine serale del genere?

Il fatto e' che la notte e' per ricreazione. Che tu sia un brontolone mattutino, un gufo notturno o un sognatore ad occhi aperti. Il tuo corpo è progettato biologicamente per dormire quando non c'è luce del giorno disponibile. La notte può e deve quindi essere utilizzata per il riposo e il relax. Tuttavia, questo è spesso più facile da dire che da fare, perché spesso abbiamo ancora cose da fare che vogliamo solo collegare la sera, altre cose che vengono lasciate indietro durante il giorno o usiamo il tempo che abbiamo la sera per pensare. Questo non è molto produttivo, perché, sebbene si possa ovviamente fare delle cose durante questo periodo, è molto più produttivo per voi avere un periodo di riposo regolare. Hai mai sentito dire che le pause regolari sono importanti? Nell'allenamento sui pesi si parla di supercompensazione, cioè il fenomeno di passare attraverso una piccola prestazione bassa dopo uno sforzo e rigenerarsi al livello iniziale solo dopo un certo tempo o poi raggiungere un livello ancora più alto.

E questo è molto importante anche per voi, anche se non dovete riprendervi dalle attività sportive, ma da quelle mentali. Il principio è lo stesso e dovrebbe valere anche per voi. Per questo motivo, è importante passare attraverso una fase di recupero per ricaricare le batterie, elaborare ciò che è successo e tornare ancora più forte dopo questa fase.

Il momento migliore per fare questa pausa è quando la biologia lo permette. Di notte. Qui si ha tempo per rigenerarsi e riprendersi. Ecco perché il sonno è così importante. Un sonno troppo poco sonno può portare a gravi problemi psicologici, che naturalmente si fanno sentire anche fisicamente. Non per niente la privazione del sonno è un metodo di tortura.

Per voi questo significa: le pause sono buone, le pause sono importanti, il sonno è buono, il sonno è importante. E per questo motivo dovreste anche trattare queste fasi sacre e non farle scambiare o limitare. Questo significa anche che in queste fasi si dovrebbe anche essere mentalmente preparati a riposare e prendersi il tempo necessario.

Un fenomeno tipico è non trovare una fine quotidiana, portare il lavoro a letto con te e poi avere una fase di riposo catastrofica che ti porta a non riuscire a rigenerarti. Questo funziona bene per un po 'di tempo, ma si sa per certo che i problemi aumentano con esso. Diventi meno concentrato, più improduttivo e questo ha un effetto diretto sui risultati del tuo lavoro. E i cattivi risultati o l'assenza di questi risultati possono mettere in serio pericolo il vostro progetto o il raggiungimento dei vostri obiettivi.

Quindi trova una routine serale adatta a te stesso. Nel migliore dei casi, non lasciate che schermi o display luminosi vi illuminino fino a poco prima di coricarsi, perché vi stressano il cervello e vi incoraggiano a lavorare, il che rende molto più difficile riposare. Guardare la TV porta ad un fenomeno simile. E' meglio prendere un libro, scrivere qualcosa, dipingere qualcosa, fare qualcosa di creativo ma non impegnativo, confessare la propria tranquillità mentale ed emotiva e prepararsi al sonno. Tè, calore, calore, intimità...... Sono solo alcune cose che possono aiutarvi nel vostro relax. Trova il modo di riposare la notte. Il mio consiglio: Scrivi alcune cose che hai fatto bene oggi, che hai fatto bene in passato e che vuoi fare domani. Così già oggi si crea una struttura per il domani e si può chiudere la giornata oggi in tutta tranquillità. Il perfetto stato emotivo per addormentarsi riposato. La musica può anche rilassarvi, idealmente dovrebbe essere collegata al processo di scrittura.

Qual e' il tuo problema piu' grande?

Sai la frase: "L'unica cosa che ti trattiene sei tu!". E' un detto molto superficiale, ma lo riassume molto bene. E sono sicuro che lo sai anche tu. Ma voglio guardare un po' piu' in profondita'. Il tuo più grande nemico che ti impedisce di avere successo e davvero felice è il tuo ego! Sono convinto, quasi certo, che il tuo ego spesso ti impedisce di fare veri progressi. Il tuo ego ti impedisce di crescere. Che ti succede? Perché di certo non fai alcune cose, perché il tuo ego è troppo grande. Sei troppo bravo a fare certe cose. Non faccio volutamente alcun esempio qui, perché dovresti pensarci tu stesso, che sia davvero così. Sei troppo orgoglioso per affrontare qualcosa una seconda volta. Sei troppo orgoglioso per ammettere la sconfitta per te stesso. Sei troppo orgoglioso per accettare una sfida e sei troppo orgoglioso per chiedere aiuto.

Conosci il migliore amico del tuo ego? Pigrizia! Se si presentano insieme, c'e' uno spostamento nel pozzo. I due distruggeranno tutto. Se compare uno dei due, puoi ancora combatterlo, se necessario. Quando entrambi entrano in pista da ballo, è molto velocemente molto vuoto. La combinazione di questi due quasi ti paralizza. Uno dei due colleghi ti rende insicuro, l'altro ti dà il resto.

Più chiaramente: Il tuo ego certamente ti impedisce di fare certe cose per un po' di tempo. Anche la pigrizia. La pigrizia è quasi peggio. Se sei troppo pigro per fare qualcosa, di solito lo giustifichi a te stesso e poi lasci parlare il tuo ego. Il risultato è che quando si ascoltano uno o entrambi i fattori, o anche entrambi, non si fa nulla. E la stagnazione è certamente la cosa peggiore che si possa sperimentare quando si tratta di fare progressi. Lo stallo è l'avversario di tutti i processi, di tutti i progressi, di tutti i risultati.

Quando ti chiedo cosa ne pensi della pigrizia, sei certamente molto convinto che sia controproducente, indipendentemente dalla situazione o dal contesto. Non sto parlando di meritati periodi di riposo. Sto parlando di vera pigrizia. Sono sicuro che anche tu sei della stessa opinione. Ma vivi anche tu la tua opinione?

Assicuratevi che il vostro ego non vi trattenga dalle possibilità, e la vostra pigrizia distrugge ogni sfida. Opportunità e sfide portano una dinamica di auto-azione che è essenziale per il vostro progresso.

Allora, cosa puoi fare con questa pigrizia? Molto semplice: Fate qualcosa! Fare è il male di ogni pigrizia. Devi solo fare qualcosa. Qualsiasi cosa, ma inizia con qualcosa. Iniziare a cercare su Internet, leggere libri o entrare in contatto con le persone. Devi fare qualcosa. Certamente vi costerà molto sforzo per uscire dalla vostra pigrizia all'inizio. Sarà difficile e costerà un sacco di energia, ma la dinamica che porta vi darà molta più energia di quanta ne abbiate mai avuto prima. Vai avanti. Smettila di cercare scuse, lascia vincere la pigrizia e inizia a fare qualcosa. Non c'è consiglio più importante di questo. Non ne avrai uno migliore da nessuna parte. Devi solo capire che devi farlo. E' l'unica cosa che sconfigge la pigrizia. E facendo ciò si acquisisce esperienza, si impara la disciplina e si sperimenta una routine che si può interpretare positivamente per se stessi. Questo è un processo creativo di superlativi. All'inizio di ogni processo c'è solo una fase. Ma senza quel passo, non arriverai da nessuna parte. E' la recinzione che devi attraversare per arrivare a questo meraviglioso prato fiorito. È la lastra di vetro dietro la quale si trova il lingotto d'oro. Non lasciate che una recinzione vi impedisca di guardare oltre, e non lasciate che un materiale vi impedisca di guardare attraverso di essa. Sei grande e abbastanza forte da superare questi ostacoli. Allora fallo anche tu!

La pianificazione è tutto

Niente ti colpisce piu' del caso. Questo è probabilmente vero se si crede nelle coincidenze e le si considera un colpo naturale del destino. Le coincidenze, tuttavia, sono eventi non pianificati il cui verificarsi non è per noi prevedibile. Probabilmente pensi che sia assolutamente la stessa cosa, ma in parole povere. Non ti sbagli su questo. Tuttavia, c'è una piccola ma sottile differenza. Perché se pensate che qualcosa di non pianificato possa accadere a voi, indipendentemente dal fatto che sia buono o cattivo, allora dovreste arrivare a pianificare praticamente tutto il resto in modo da mantenere questo fattore il più piccolo possibile. Perché tutto ciò che non è pianificato può essere dannoso per te in caso di dubbio. Significa più pianificazione, più controllo. E il controllo è fondamentalmente qualcosa di molto buono. Così si può cercare di pianificare molto bene le cose grandi e importanti della propria vita, perché qui si beneficia di un controllo totale, ma anche le cose più piccole, perché qui si beneficia anche di un controllo aggiuntivo. Le cose impreviste succedono comunque. E ti colpiscono duramente quando non hai un piano o un piano molto rigido. Se non hai un piano comunque, forse gli imprevisti non ti butteranno fuori strada, ma solo perché non hai trovato una via comunque. Se avete un piano troppo rigido, ogni piccola scossa vi farà muovere e dovrete costantemente rivedere e regolare il vostro piano. Qual è la soluzione? Per creare un piano che coinvolge i buffer. Questo significa che devi sempre includere un buffer per tutti i parametri importanti: denaro, tempo, spazio, spazio, ecc.

Un piano non è così grande quando è rigoroso, è buono quando ti tiene sulla tua strada e può anche sopportare piccoli urti. Quindi dovreste scegliere anche una bici da trekking per un lungo tour in bicicletta, perché potreste dover andare sulla ghiaia. Potrebbe volerci un po' più tempo che con una bici da strada, ma non scoppierà un pneumatico se si deve attraversare un pezzo di ghiaia.

Come si crea un piano di questo tipo?

1. Fissare obiettivi intelligenti. Abbiamo discusso sopra cosa sono gli obiettivi intelligenti. Assicuratevi, tuttavia, di scegliere le date in modo realistico e di programmare l'orario del buffer. Il tempo di buffer non dovrebbe darvi l'opportunità di perdersi inutilmente. Ma dovrebbe darti abbastanza flessibilita' se qualcosa e' in ritardo.
2. Collegamenti di processi successivi in una catena causale logica. Se vuoi guidare un'auto, devi prima imparare a guidare per ottenere la patente, poi passare la patente di guida, poi comprare un'auto, assicurarla e poi puoi guidare. Sembra logico. Ma è stato considerato tutto in questa catena? La prima cosa è che hai i soldi per fare questi passi. Quindi significa: Devi prenderti cura di tutte le risorse in tempo, in modo da poter garantire il progresso dei tuoi obiettivi.
3. Vedere quali processi devono essere completati prima dell'avvio del processo successivo o quali processi possono e devono essere eseguiti in parallelo.
4. Concentrarsi sul processo più importante in questo momento. Se si avvia un secondo processo laterale, è solo per avviare alcune cose. Questo significa, naturalmente, che è possibile iscriversi all'esame di guida prima di raggiungere realmente la fine dell'unità di teoria o pratica. Alcune cose richiedono un po' di tempo e non richiedono molto sforzo. E' per questo che puoi farla andare avanti di lato. Ma solo quando non hanno bisogno di troppa capacità, altrimenti si perde la concentrazione. Quali compiti possono e devono essere fatti sul lato, si determina in anticipo, quando si crea un piano.
5. Fissare delle pietre miliari. È possibile utilizzarli per controllare lo stato e verificare che tutto funzioni correttamente.
6. Finire i processi con un risultato chiaro prima di iniziare un altro processo (ad eccezione dei processi paralleli che richiedono poca attenzione).
7. Scrivi tutto ciò che potrebbe essere importante per te in un secondo momento.
8. Non iniziare un'attività senza tenere traccia dei progressi del vostro obiettivo. Ti perderai troppo in fretta.

Di seguito viene mostrato un esempio di pianificazione. A causa della semplicità, utilizzeremo il suddetto esempio di guida di un'auto. È importante per voi che possiate sempre progettare i vostri processi e i vostri obiettivi in modo tale da garantirne il corretto svolgimento. Mezzi: Non c'è una forma prestabilita, che deve essere assolutamente mantenuta. Tuttavia, vi sono aspetti essenziali che dovrebbero essere soddisfatti. Le pietre miliari della pianificazione, alle quali devono trovare risposta le domande di cui sopra. Altrimenti, dovreste elaborare un piano che vi si addice, e non usare un modello rigido che vi limita.

Vi consiglio sempre di fare una rappresentazione visiva e una rappresentazione scritta del vostro progetto. Il piano visivo è più facile da ricordare e aiuta a seguire logicamente i processi in memoria, mentre il piano scritto dovrebbe avere tutti i dettagli.

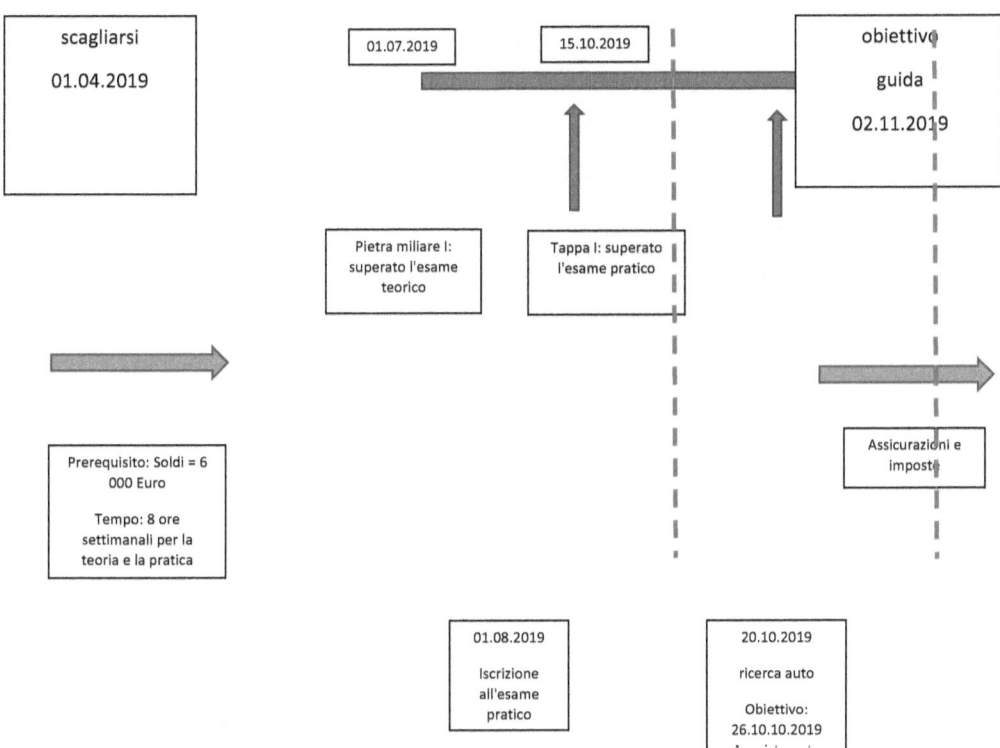

Destinazione: Guida

Punto di partenza della pianificazione del progetto: 01.02.2019

Periodo di tempo: 01.04.2019 - 02.11.2019

Prerequisiti:

Capitale = 6 000 Euro (2 000 Euro patente di guida, 3 000 Euro auto, 1 000 Euro tasse e assicurazioni).

8 ore alla settimana per 4 ore di teoria e 4 ore di pratica

Pietre miliari:

01.07.2019   Esame teorico superato

15.10.2019   Esame pratico superato

Processi paralleli:

Iscrizione all'esame pratico

Obiettivo: 15.10.10.2019

Prerequisito: esame teorico superato

Ricerca auto e acquisto auto

Obiettivo: 26.10.10.2019

Completamento del progetto; 02.11.11.2019

Questa panoramica è molto semplice, ma offre un quadro approssimativo e abbastanza spazio per aggiungere ulteriori aggiunte, consentire tempi di buffer, aggiungere criteri, ecc. Non è importante che ogni singolo dettaglio sia elencato nel piano. Tuttavia, tutti i pilastri importanti devono essere presenti, in modo che alla fine si possano aggiungere piccoli dettagli.

È molto importante mappare tutti i processi necessari per l'avanzamento del progetto. Ecco quanto deve essere profonda la tua pianificazione. Le piccole cose non devono essere rigorosamente pianificate. Molto spesso sono i più duramente colpiti da eventi non pianificati, quindi una certa flessibilità ha senso in questo caso. Un piano troppo rigido si rompe in fretta. Un grattacielo a Dubai, alto 97 piani, deve essere sempre in grado di "oscillare" un po' per non rompersi con movimenti più piccoli e per controbilanciare questi movimenti. Questo dovrebbe essere il tuo piano. Strutturato e sofisticato, ma non troppo rigido.

Tuttavia, nessun progetto senza pianificazione. Un piano approssimativo deve essere sempre elaborato e deve essere urgentemente registrato per iscritto e visivamente.

compiti del partner

Alcune cose non si può fare da soli e altre non si dovrebbe fare da soli. Anche se ci si deve sempre assumere la responsabilità e procedere in modo strutturato, in modo che nel peggiore dei casi si può andare avanti da soli, spesso ci sarà la possibilità di ottenere progressi significativamente maggiori in tempi più brevi con un partner, o significativamente più rapidi. Se si presenta questa possibilità, dovreste sicuramente avvalervi di essa se si tratta di un partenariato a reciproco vantaggio. In questo modo si garantisce che entrambe le parti sono interessate ad una conclusione positiva del progetto e che entrambe sono pienamente impegnate.

Tuttavia, per poter lavorare con qualcuno a livello aziendale, dovreste sempre porvi le seguenti domande di base:

Cosa voglio ottenere attraverso la cooperazione?
Cosa vuole ottenere il mio partner attraverso la cooperazione?
Quale coerenza c'è tra i miei obiettivi e i suoi obiettivi?

Cosa succede se il progetto fallisce?

Quali compiti assumo, quale partner?

Quanto dipendo dai loro risultati?

Quali condizioni devono e devono essere stabilite?

Quali sono gli obiettivi concordati insieme, quali partecipazioni sono espresse?

Dovrebbe essere in grado di fornire le giuste risposte a tutte queste domande e forse anche di più. E la cosa più importante per questo è: registrate tutto per iscritto e fatelo firmare dal vostro partner. Non importa quanto bene, non importa da quanto tempo vi conoscete, non importa se siete amici o fidanzate, parenti o sconosciuti: concordate tutto per iscritto. Insisti. Se fate un accordo equo, entrambe le parti sono interessate. Non lasciare al destino. Non sai quante amicizie sono state spezzate dal NON rispettare gli accordi. Di norma, le amicizie sopravvivono quando un partner adempie agli obblighi dell'altro. Ma è quasi la regola che tali cooperazioni falliscono e distruggono non solo il business, ma anche le amicizie. Di sicuro sta pensando: "Non ne abbiamo bisogno. Per noi è diverso". Fallo comunque, a qualsiasi prezzo. Mi ringrazierai. Se tutto va bene: Tanto meglio. Se le cose non vanno bene, sarai incredibilmente grato di aver firmato un contratto. Vedrai la tua meraviglia blu se non lo fai. Fidati di me. Non è solo esperienza, è un dato di fatto. Se vi fide l'uno dell'altro, allora siete sicuri che entrambe le parti manterranno i loro accordi. Pertanto, entrambi firmerete volentieri, anche se siete voi a fare questa proposta. Com'e' stato? Assumersi la responsabilità?

Il momento perfetto

Il perfezionista è disposto a creare qualcosa di "perfetto" secondo le sue idee, il che significa creare tutte le sfaccettature nella sua visione come "ottimale" nelle circostanze date. Significa anche che il tempo della sua creazione deve essere perfetto.

"Essere "perfetti" è sempre diverso perché è quasi completamente soggettivo. Quello che è una notte perfetta per te può essere orribile per qualcun altro. Troppo eccitante, troppo noioso, come ti pare. L'amico perfetto può essere la ragione per cui qualcun altro scappare, anche urlando! Chiedete a due persone per una condizione perfetta e molto probabilmente vi daranno due risposte completamente diverse. E anche questa è una cosa buona! Ogni essere umano ha la sua idea di un rapporto di input e output. Ciò significa che il risultato viene considerato nel contesto dell'investimento. Poiché ogni persona ha la propria opinione su quali investimenti e quali spese sono troppo poche, adeguate o superiori alla media, in genere si ottengono risultati diversi.

Probabilmente lo sai da scuola: nei tuoi saggi sei stato valutato relativamente male da un insegnante, ma poi sei stato valutato bene da un altro insegnante, anche se hai usato lo stesso stile di scrittura. Per alcuni era meglio, per altri peggio.

Quindi essere perfetti, come tanti altri nella vita, è una questione di interpretazione. Di conseguenza, il perfezionismo è un modello di comportamento per soddisfare le proprie esigenze e per creare una cura particolare per la perfezione nel soddisfare le proprie esigenze. Chiedete al vostro vicino di casa a scuola, al college o all'università quando è il momento perfetto per iniziare ad imparare per l'esame. Chiedi ai tuoi amici quando è il momento perfetto per sposarsi o per avere figli. Avrai risposte diverse. Allora, qual e' il momento perfetto?

Il momento perfetto è, nel modo più oggettivo possibile, il momento in cui si hanno le migliori condizioni per iniziare con qualcosa, dove sono state prese tutte le precauzioni per garantire un processo regolare. Quindi ora vuoi intraprendere il tuo cammino verso il successo: Qual e' il momento perfetto per questo? Quali requisiti devono essere soddisfatti o soddisfatti per poter iniziare?

Scrivi qui le condizioni ideali per il momento perfetto per te:

Se l'avete fatto, dovreste ora vedere che fate questi preparativi. Una volta che avete fatto questi preparativi, il momento perfetto per iniziare è.....

....aspetta un attimo! Se si prendono le precauzioni per iniziare al momento giusto e si diventa attivi per i preparativi, allora si è quasi già iniziato. E se hai iniziato per questo, allora era il momento perfetto per iniziare i preparativi? Hai pensato a quando iniziare i preparativi? E forse ti sei preparata per i preparativi che hai già fatto. Era il momento perfetto per iniziare, allora?

Capisci cosa intendo? Si inizia con qualcosa, che sia il momento perfetto o meno. Fare sempre supera il momento perfetto. E vuoi che ti dica una cosa? Questo momento perfetto che sogni non esiste. Non esiste affatto. E se c'era, era ieri! Il perfetto è sempre soggettivo, quindi c'è un momento diverso, perfetto per ogni persona. Ma il fatto è che prima si parte, prima ci si allena per la maratona, prima si comincia ad imparare per l'esame, migliore e più efficace sarà la preparazione. Quindi non perdete tempo ad aspettare il momento perfetto. E' un'invenzione dei pigri. Non c'è tempo perfetto e non ci sarà mai. Inizia oggi, inizia subito! I poteri del fare sono di gran lunga maggiori di quelli di un "tempo" in cui si inizia.

"Iniziero' la mia dieta la prossima settimana", ha detto, e non inizia mai. Se prendete un appuntamento in futuro, perché è scomodo affrontarlo ora, sentirete questo disagio in futuro e vorrete ritardarlo di nuovo. Ritardi fino all'inizio. E poi si rifornisce di carburante anche la forza e la motivazione. Non ti ha mai motivato quando devi rimandare qualcosa. "Spostero' la mia unita' sportiva al mercoledi' della prossima settimana. "Sono cosi' ansioso di andare ad allenarmi mercoledi' prossimo invece che oggi....." Non illuderti! E' pura auto-sabotaggio. Comincia a prendere le cose nelle tue mani, inizia a farle! Le persone di successo sono esecutori, non camerieri. Iniziano quando le ipotesi approssimative sono giuste, quando il piano è pronto, e il resto lo costruiranno e si adatteranno. Non aspettano la prossima settimana perché sanno che è troppo tardi e saranno molto più avanzati in una settimana. Il momento perfetto non è altro che un'illusione per farti guadagnare tempo. Hai aspettato tutta la vita per creare qualcosa. Quanti momenti perfetti hai vissuto finora, se non hai ancora iniziato? Probabilmente non così tanti..... Qual è la probabilità che il momento perfetto sia la prossima settimana?

Esatto! Quindi procedete, fate un piano e iniziate! Come può una cosa essere perfetta quando ognuno ha un'idea diversa di "perfetto"? E' la tua vita. E' il tuo momento. Hai 24 ore per essere grande come tutti gli altri nel mondo. Comincia. Perché ora è il momento perfetto per essere perfetti. Non per me, per te!

Un consiglio per il vostro successo

Imparare a vendere! Per la semplice ragione che, indipendentemente dalla situazione in cui ti trovi nella vita, devi sempre vendere qualcosa. Vendi tutto il tempo, consapevolmente e inconsapevolmente. Di solito associamo la vendita con un pensiero negativo. I cattivi venditori che vogliono parlarci di qualcosa di cui non abbiamo nemmeno bisogno e che devono pagare con soldi che in realtà non abbiamo. I venditori hanno una pessima immagine.

Ma non importa che tipo di persona associ all'immagine di un venditore: il fatto è che ti stai vendendo da solo! Forse nessun prodotto o servizio, ma sei te stesso ogni giorno. Ogni contatto con un'altra persona è una vendita. Stai vendendo te stesso e il tuo atteggiamento verso qualcun altro. Stai cercando di venderti a lei o a lui. Come risultato non si ha una transazione monetaria, ma il risultato, sia che ti senta o meno simpatico, attraente, premuroso, premuroso, fastidioso, ecc. Ti vendi a te stesso attraverso le tue azioni e i tuoi pensieri.

Primo appuntamento? La più pura vendita! Vendi il tuo partner in spe perché sei grande e perché dovrebbe arrivare ad un secondo appuntamento. Una tua idea imprenditoriale? La più pura vendita! Siete alla ricerca di persone che vi spingono e promuovono ulteriormente la vostra idea o addirittura vi sostengono direttamente. Cosa devi fare per convincerla? Rendi la tua idea appetibile per loro, vendi loro la tua idea. Altre domande sul perché si dovrebbe essere in grado di vendere? Ci sono molti formatori di vendita in tutto il mondo. Forse ne visiterai uno.

Le vostre finanze

Perché i soldi valgono più del tuo tempo

Perché il tempo è denaro! E' semplice. Sono sicuro che conosci il detto: il tempo è denaro. Cosa significa veramente? Significa che il tuo tempo vale quanto il denaro. Che devi scambiare tempo per avere i soldi in cambio. Stai perdendo tempo, hai sprecato tempo dove avresti potuto fare soldi. Se hai sprecato soldi, il tempo che hai speso per fare soldi è stato inutile. Sembra una ruota di criceto. Ed è proprio questo tipo di ruota per criceti che mantiene le persone in costante movimento, ma purtroppo lascia comunque che camminino sul posto. E' la carota in gioco. Davanti a te. Sul tapis roulant. Stai inseguendo cose che vorresti avere. Fai qualcosa che non vuoi davvero fare. Probabilmente un rigoroso lavoro dalle 9 alle 5 che ti puzza da anni. Lo fai perche' devi o non puoi pagare le bollette. E' vero? Oppure potreste, dando un preavviso, uscirne immediatamente e vivere di altre fonti di reddito, o avete risparmiato abbastanza per sopravvivere per alcuni mesi? Non e' vero? Ruota classica per criceti!

Questo termine "ruota del criceto" è così diabolico che non vuoi nemmeno più leggerlo, figuriamoci sentirlo. Tuttavia, nessuna immagine si adatta alla vostra situazione come questa. Corri e corri e corri e corri e corri e corri, ma non puoi fermarti all'improvviso perché stai per rotolare. Quindi continua a correre. Corri cosi' tanto e cosi' veloce, eppure non riesci a muoverti di un centimetro. E' una ruota di criceto.

La domanda dovrebbe esserlo ora: Come fai a uscire da questa ruota per criceti ora? Come riuscite ad uscire da lì senza danni e ad andare avanti con i vostri mezzi propri?

In senso figurato, si esce dalla ruota del criceto iniziando a spostare l'attenzione. L'attenzione non dovrebbe più concentrarsi sulla corsa e sulla velocità, ma sul controllo. Che ti succede? Prima di tutto è necessario assicurarsi che la ruota del criceto non si muova più così velocemente. Significa che devi prendere un po' di velocita' ora. È necessario portare la bicicletta a un ritmo tale che è possibile per voi di scendere senza lesioni e poi di essere in grado di camminare il vostro senso. Quindi hai bisogno di una cosa sopra ogni altra cosa: il controllo sulla tua ruota del criceto. Controllo di velocità, posizione e dimensioni. Devi prendere il controllo della tua situazione. Che bella immagine per trasferirla nella tua attuale situazione di vita, ora.

Ora, come riuscite ad ottenere il controllo della vostra ruota del criceto? Stiamo parlando del fattore tempo-denaro. Così si può andare avanti disaccoppiando i soldi dal tempo. Non più cambiare tempo in cambio di denaro, ma prendere soldi indipendentemente dal proprio tempo o trovare il modo di fare più soldi con il denaro, cioè scegliere il denaro come strumento. E ci sono alcune semplici leggi e regole di cui parleremo tra un attimo. Vi renderete anche conto che frasi come "avete bisogno di un sacco di soldi per fare soldi" sono vere e proprie sciocchezze.

Ho fatto della mia missione per combattere due miti. Da un lato, il denaro non ti rende felice e ti aiuta ad essere fortunato, e dall'altro lato, hai già bisogno di un sacco di soldi per fare ancora più soldi. Parleremo di entrambi. Qual e' la cosa migliore da fare adesso?

Come si ottengono i soldi?

Quindi bisogna trovare qualcosa in cui non si cambia tempo in cambio di denaro, ma il denaro arriva quasi da solo. Puoi farlo costruendo fonti passive di reddito, assumendoti più responsabilità nel tuo lavoro e ottenendo più soldi per lo stesso lavoro o lasciando che il tuo capitale lavori per te.

So che e' quello che ti dicono tutti gli esperti finanziari. Quindi prima chiediti perché è così. Tuttavia, non voglio ripetere sempre le stesse argomentazioni, ma affrontare con voi alcuni aspetti importanti e poi formulare raccomandazioni concrete per l'azione, che vi dicono cosa dovete fare ora per raggiungere questo obiettivo.

Come progetterò queste raccomandazioni? Molto semplicemente, ci avviciniamo alla vostra situazione attuale facendo un'analisi di dove vi trovate, quali opzioni avete e quale opzione è meglio per voi per fare soldi veri. Non ci sono raccomandazioni spugnose e superficiali qui dove non si sa da dove iniziare o come può funzionare. Identificheremo passo dopo passo le opzioni a vostra disposizione, effettueremo un controllo di fattibilità e poi decideremo quando iniziare al meglio. Ti sembra un piano sensato?

Naturalmente parliamo anche delle cose spiacevoli della sua situazione attuale. Dobbiamo affrontarli perché ci danno un'indicazione di ciò di cui avete urgente bisogno di cambiare per apportare cambiamenti nella vostra vita. Questo fatto che parleremo molto delle vostre debolezze e dei vostri problemi rende questo libro probabilmente il libro più sgradevole del mondo. Non ne parlero' qui, saro' molto diretto con te. Non sarò sempre gentile, ma cercherò di arrivare al cuore della questione, anche se si imbatte bruscamente, ma è onesto e ti aiuta a scoprire come stai finalmente andando avanti.

Prima di leggere questo libro in dettaglio, si prega di fare una promessa: Per favore, prendi queste informazioni a cuore, ma non sentirti attaccato personalmente. Anche se a volte mi sembra di volerti criticare molto fortemente, niente al mondo mi dà il diritto di fare questo o di valutare la tua situazione. Voglio solo aiutarvi a raggiungere i vostri obiettivi e desideri e ad andare insieme a voi al livello successivo. Pertanto, presenterò le cose anche dal mio punto di vista e le classificherò secondo questa prospettiva. Sei una persona perfetta, e non importa da dove vieni, come appari e cosa hai, sei una persona amabile e di successo. Voglio solo incoraggiarti a stare meglio. E lo faro' in modo abbastanza chiaro.

Perche' pensi che i soldi non ti rendano felice.

Stronzate! Per finire subito! Ciononostante, mi soffermerò in qualche modo su questa dichiarazione. Te lo devo sicuramente dopo un discorso del genere! Allora andiamo avanti.

Probabilmente pensi che il denaro non ti rende felice perché è umano rifiutare le cose o rimuoverle dal tuo universo quando non sembrano raggiungibili. Soprattutto in diverse forme sociali e culture, è diventato una sorta di sport hobbistico condannare cose che non corrispondono alla propria immaginazione o sembrano quasi irraggiungibili. Se qualcuno ha un corpo atletico, deve certamente prendere steroidi, se qualcuno ha un sacco di soldi, deve certamente fare cose storte. Se qualcuno è ricco, non vuole dare via niente e vuole solo più soldi. Molte delle conclusioni che traiamo senza aver realmente trattato più argomenti. prevenuta

Dirò solo che questi sono pregiudizi. Che ti succede? Domanda semplice: quante persone conosci che usano questo cliché? Quanti ne conoscete veramente personalmente e così bene che sapete esattamente qual è la loro motivazione e quali sono le loro convinzioni? Penso piuttosto che questi pregiudizi derivino da un costrutto di pensiero. Uno che ci si è costruito o è stato formato da opinioni casuali di terzi. Ma quanta verità c'è in queste affermazioni?

Non molto. Perché con la stessa probabilità che il denaro ti rende infelice, può anche renderti felice. Pensi solo che ti renda infelice per sentirti più a tuo agio nella tua situazione. È più facile criticare un'altra condizione che pensare alla propria. Meglio negare il successo agli altri che apparire autocritici allo specchio. Non è un rimprovero, spesso è la spiacevole verità. Per molto tempo non l'ho fatto diversamente, perché mi ha aiutato a sentirmi meglio per un breve periodo e a riposare senza avere la coscienza sporca. Ho potuto pensarci in modo divertente e giustificare così la mia situazione di fronte a me. Ed è proprio qui che sta il problema: era solo una soluzione temporanea! Questa non è certamente la soluzione a lungo termine, perché questa "pseudo convinzione" non mi ha reso molto felice. E un'altra soluzione era troppo estenuante, quindi volevo condannarla in fretta.

E qui si verifica un fenomeno che si può osservare molto spesso nella vita quotidiana: Condanniamo le persone, le loro opinioni e i loro atteggiamenti troppo in fretta, senza conoscere il vero contesto. Inoltre, ci troviamo spesso nella situazione di criticare uno stato che forse ci è in parte auspicabile, ma che richiederebbe troppi sforzi, per cui ci giustifichiamo davanti a noi stessi condannando. O semplicemente condanniamo le cose perché non corrispondono alla nostra immaginazione. Il punto peggiore che vorrei sollevare, tuttavia, è il secondo. Questo è di gran lunga il peggiore. Non è sempre il motivo principale per cui condanniamo qualcosa, ma spesso ci troviamo in tali situazioni. Giudichi gli altri perché si trovano in una situazione in cui vorresti essere. Anche a te piacerebbe avere più soldi. E' solo che sembra molto scomodo arrivarci. Inoltre, più persone non hanno soldi di quanti ne hanno. Sembra quindi che si applichi il principio della maggioranza: La quantità maggiore sarà probabilmente più giusta di quella minore. Ciò che questo atteggiamento può portarci è stato più che dimostrato in modo impressionante dalla storia tedesca. Uno dei tanti motivi per riflettere più attentamente se questo approccio alla fede abbia senso.

E' molto scomodo fare cose che non vanno bene per te. E' molto più facile rimanere nella propria "zona di comfort", rivoltarsi contro qualsiasi dichiarazione di "zona anti-comfort", e difenderla con un huff e un huff. Altrimenti potrebbe diventare davvero scomodo.

Per favore non fraintendetemi: penso che sia fondamentalmente un ottimo atteggiamento essere soddisfatti delle cose che si hanno. Tuttavia, penso anche che non dovrebbe essere soddisfatta se si è posta obiettivi più ambiziosi. Sono convinto che stare in questa situazione con obiettivi effettivamente più elevati è solo troppo comodo, non di più. Perché non vorresti raggiungere i tuoi obiettivi se potessi? Se si potrebbe andare a una concessionaria di auto e scegliere un'auto di vostra scelta, non state prendendo il più economico e siete soddisfatti? Prenderete sicuramente l'auto con la quale associare la maggior parte delle emozioni e attribuire il valore più grande, il più bello, il più sicuro e così via..... o mi sbaglio? Ma se la concessionaria è ancora bloccata e si deve camminare per 20 km verso un altro posto per ottenere la chiave per le porte d'ingresso per ritirare un'auto, è più scomodo. E se non solo dovessi correre per 20 km, ma anche nuotare per altri 40 km e percorrere 100 km in bicicletta, fare un calcio e 10 curve al ginocchio, ti chiederesti se ne vale la pena? E ora ci sono persone che vogliono correre comunque questo rischio, che hanno fatto di tutto per ottenere la chiave per la concessionaria e che ora hanno il permesso di scegliere un'auto. Allora perche' condanni queste persone solo perche' ne e' valsa la pena?

Forse non è l'esempio migliore, ma dovrebbe riflettere adeguatamente i fatti del problema in questione: Alcune persone hanno obiettivi più alti, vogliono ottenere di più per se stessi, ma anche per altri. Alcune persone lottano per il denaro, perché con il denaro possono rendere le cose possibili, che rimarrebbe loro negato senza denaro. Perché giudica queste persone? Perché pensi che i soldi ti rendano infelice se non ti sei mai trovata in questa situazione prima d'ora? Perché non lo provi, anche se diventa spiacevole arrivarci e poi ti fai un'opinione? Puoi ancora donare tutti i tuoi soldi se non sei soddisfatto di quei soldi. Allora hai fatto qualcosa di buono. Avete sostenuto altre persone con i soldi, quindi avete fatto davvero qualcosa di buono: e per questo avete bisogno di denaro per aiutare i bambini in condizioni di povertà o per donare cibo ai senzatetto. Sei felice quando lo fai? Allora avrai bisogno di soldi per farlo.

Quindi i soldi non ti rendono infelice, i soldi fanno quello che ne fai. E con i soldi si possono fare molte cose, in ogni caso. Hai bisogno di soldi per rendere felici gli altri e te stesso: Perché il mondo usa il denaro come mezzo di scambio di beni e servizi. Hai un aspetto simile? Non voglio convincere nessuno a fare niente. Se sei una persona molto minimalista o completamente indipendente dal punto di vista finanziario, e davvero non ti interessa affatto, allora questo è davvero tutto a posto, atteggiamento perfettamente legittimo. Tuttavia, a mio parere, lei è piuttosto un'eccezione. Non è un attacco in alcun modo, è solo la mia esperienza e il mio punto di vista, che alla fine mi ha portato a cambiare qualcosa io stesso. Ed e' per questo che voglio condividerlo con te.

Il fatto è che i soldi possono aiutarti ad andare avanti in quasi tutti i settori della tua vita. Questa "libertà finanziaria", di cui si parla sempre, non significa altro che indipendenza da una fonte di reddito. Significa che avete tanto capitale quanto ne avete o che ricevete regolarmente attraverso fonti di reddito passivo un importo tale da coprire tutti i vostri costi di gestione e, inoltre, vi permette di considerarvi importanti. Ti libera letteralmente da qualsiasi tipo di dipendenza finanziaria. Questa libertà finanziaria è quindi sempre auspicabile. Non stabilisce un importo fisso mensile che devi raccogliere, ti dà solo il capitale di cui hai bisogno per vivere con quello che vuoi. Non c'è bisogno di guadagnare 20.000 euro al mese. Può darsi che per voi la libertà finanziaria inizi già con 1 000 euro. Ma solo se si ricevono questi 1.000 euro staccati da eventuali obblighi che non vi vincolano. Ciò significa libertà finanziaria. Ed è per questo che è un grande obiettivo per quasi tutti. Non è l'importo della somma che decide, ma il suo effetto sulla vostra dipendenza.

Cosa possono fare i soldi per te?

Prima di tutto la domanda contraria: cosa non può fare il denaro per te? Prima di tutto cerca di trovare risposte a questa domanda e considera se c'è un fattore in questa catena di creazione che può essere realizzato o migliorato solo con il denaro.

Secondo passo: Pensa a ciò che è importante per te nella vita. Allora quello che pensi sia ancora importante, anche se al momento non ce l'hai. E poi quello che desideri per te stesso, la tua famiglia, i tuoi parenti o amici. Ora pensa se i soldi potrebbero aiutarti. Per favore, prendetevi due minuti per questo.......

....vedi? Argomento controllato!

Perché i soldi sono maldestri.....

...perché i soldi significano qualcosa come il potere. Le persone con molti soldi di solito hanno più potere delle persone con meno soldi. E perche'? Semplicemente perche' dipendiamo dai soldi. Non a causa del denaro in sé: le banconote in sé sono praticamente inutili, tranne che per la carta e la stampa. E' perché è riconosciuto a livello mondiale che il denaro è il controvalore di prodotti e servizi. In alcune regioni del mondo si offrono più soldi, in altre meno soldi in cambio. Che si tratti di un grosso problema è certamente chiaro, ma dovrebbe essere discusso in un altro momento a causa dell'argomento. L'intera faccenda non ha importanza. Non dovrebbe essere oggetto di discussione in questo momento.

E poiché noi umani siamo solo dipendenti dal denaro, noi stessi, se non abbiamo soldi, dipendiamo da coloro che hanno soldi, perché ci danno soldi in cambio dei nostri servizi e prodotti, quindi del nostro "lavoro". Scambiamo il tempo e lavoriamo per denaro in modo da poter scambiare nuovamente il denaro con prodotti e servizi. Per quanto semplice, per quanto difficile sia gestire perfettamente questo ciclo. E tu condanni qualcuno che ha soldi perché gli dà potere, ma tu gli dai potere solo subordinandoti a lui o volendo il suo denaro: Chiedi un lavoro per guadagnare il tuo pane quotidiano e offri il tuo lavoro al tuo capo in cambio di denaro.

Quindi ci sono solo due modi logici per uscirne:

1) Siate indipendenti dal denaro!
2) Guadagnare abbastanza soldi ed essere indipendente!

Re 1): Ne abbiamo già parlato. Se lo sei, vuoi o puoi esserlo, sei certamente una persona molto felice ed equilibrata. E' fantastico! E non voglio iniziare una guerra di fede con voi qui, perché certamente avete un atteggiamento molto personale e logico nei suoi confronti. Penso che tu sia l'eccezione, pero'.

A 2) Qui inizia il vostro viaggio. Per favore, continuate a leggere, in modo che insieme possiamo arrivare a tanto che si guadagnano abbastanza soldi, si ottiene più "potere" e sono indipendenti da altre persone potenti.

Vedi?! Questo comportamento di potere è di nuovo un costrutto di pensiero, un'illusione che ci siamo chiamati a metterci in questa situazione limitandoci e sottovalutandoci, definendola una zona di conforto e preferendo condannare gli altri. Basta guadagnare abbastanza soldi per non dover dipendere da un datore di lavoro o cambiare il proprio tempo in cambio di denaro. E si', e' semplice, ma non familiare. Dato che non è familiare, può anche essere scomodo. In linea di principio, è esattamente quello che stai facendo adesso. Lavori solo per te stesso e per i tuoi obiettivi piuttosto che per qualcun altro e poi diventi di nuovo dipendente.

Ci spingiamo in questa posizione di dipendenza. Lo prendiamo noi stessi e ci lamentiamo. Perche' non ti sei liberato completamente dai soldi? Se ti rendi conto che questo non è possibile, e sono d'accordo con te, allora renditi finanziariamente libero. Hai queste due opzioni. Entrambe le cose sono fattibili. Penso che più logico sia il secondo.

Perché hai fatto male i tuoi soldi

E' facile arrivare al punto: Perché o si cambia il tempo in denaro, non si ottiene abbastanza denaro per il proprio tempo, o non si convertono i soldi che si ricevono per il proprio tempo in più soldi.

Il cittadino medio vive in uno stato di dipendenza e in uno stato di dipendenza permanente. Inizia con il suo lavoro. È un dipendente di un'azienda, ha firmato un contratto di lavoro e si impegna a lavorare per un certo numero di ore o un progetto specifico e a ricevere denaro in cambio dei suoi servizi. Finora sembra un accordo equo. E' anche se sei sufficientemente remunerato per la tua attività? Ma cosa significa "sufficiente"? Sufficiente significa che sei adeguatamente retribuito per il tuo lavoro, cioè che il valore aggiunto che crei viene adeguatamente ricompensato attraverso la tua attività. Quindi qui abbiamo già due fattori: il valore aggiunto che voi fornite e la remunerazione che dovrebbe essere adattata a questo valore aggiunto. Secondo la semplice causalità di fondo:

Se si lavora meglio, si ottiene una retribuzione migliore, o se si fa più lavoro, si ottiene una retribuzione maggiore. L'equazione sembra logica e ragionevole. Se osserviamo il tutto da vicino, tuttavia, possiamo notare che il valore aggiunto può essere misurato in parte soggettivamente e in parte oggettivamente. La percezione soggettiva è determinata da ciò che l'individuo riconosce come valore nel tuo lavoro. Questo può variare da persona a persona perché al valore sono assegnati parametri diversi. Per uno o più di loro, le vostre capacità di comunicazione e il contatto con i dipendenti sono importanti, gli altri si limitano esclusivamente al fatturato effettivo che generate. Questo ci porta anche direttamente all'obiettivo: la vostra prestazione lavorativa e il vostro valore aggiunto possono anche essere convertiti direttamente in vendite da voi, a seconda del settore di attività. Quindi significa: se siete attivi nelle vendite, il valore aggiunto che viene riconosciuto può dipendere solo dalle vendite che generate. Se questo abbia senso e sia giusto è un'altra domanda. Tuttavia, è un modo per verificare il vostro valore aggiunto con numeri pratici.

Tuttavia, essere pagati in base al valore che si porta al business non è sempre la regola. Con i contratti di lavoro, è spesso il caso di ricevere un salario forfettario per un numero forfettario di ore. Questo significa che non guadagnerai di più se lavori di più (gli straordinari possono essere pagati, ma spesso sono fatti senza retribuzione aggiuntiva per soddisfare il capo e presumibilmente assicurare il suo lavoro ancora di più), o non saranno pagati meglio se fai un lavoro migliore. Per questi ultimi, la promozione gioca ancora un ruolo: più a lungo si lavora meglio, maggiori sono le possibilità di ottenere una promozione. Si può vedere che non è così banale poter guadagnare di più in un rapporto di lavoro. E probabilmente corrisponde anche alla tua esperienza. Ecco perche' dobbiamo vedere come possiamo cambiare le cose.

Sicuramente sapete molto bene, per esperienza personale, quanto bene questa costruzione vi permetta di guadagnare di più. Oppure, se non siete ancora intrappolati in questa ruota del criceto, potete certamente immaginarlo molto bene. Le possibilità sono molto piccole, perché non dipendono esclusivamente da te. Naturalmente, si può davvero cercare di trarre il massimo vantaggio da se stessi. Tuttavia, questo valore deve essere riconosciuto dai vostri superiori, poi il bilancio deve essere disponibile, la posizione deve essere libera per voi e così via.....

In definitiva, avrete un vantaggio davvero maggiore solo se siete in una posizione retribuita migliore. Se questo può essere il caso e questa possibilità vi sarà ipoteticamente offerta, allora vale sicuramente la pena di investire molto tempo e fatica nel vostro lavoro. Anche come dipendente si può guadagnare molto bene. A seconda del settore, questo può accadere prima o poi. Tuttavia, a volte è davvero difficile guadagnare di più in un rapporto di lavoro senza salire a una posizione più alta nella gerarchia.

Non fraintendetemi: può sicuramente avere senso essere coinvolti nella catena del valore delle aziende, grandi o piccole, al fine di creare valore aggiunto per i potenziali stakeholder o azionisti. Il tuo ulteriore sviluppo, il tuo sviluppo personale o un effetto finanziario positivo sulla tua vita, tuttavia, non necessariamente lo avrà. Sicuramente può essere bello avvitare le porte dell'auto alla carrozzeria in modo che gli utenti finali possano acquistare un'auto completa. L'unica domanda è se voi e le vostre esigenze non cadono ai margini della strada.....

Un tale rapporto di lavoro, così come è stato stipulato dal cittadino medio, è quindi anche la ragione per cui lo stipendio mensile è limitato. Se ti trovi in uno di essi, è difficile per te "proprio così" guadagnare più soldi con più lavoro. E' possibile solo se il lavoro extra comporta anche una retribuzione migliore, ad esempio attraverso un lavoro migliore o una scala retributiva più elevata. Ma proprio perché è coperto da contratti di lavoro e contratti collettivi, non sarete semplicemente in grado di guadagnare di più. Ed è per questo che gli esperti finanziari di tutto il mondo vi consigliano di fare i vostri affari, perché qui non avete un reddito limitato, lavorate per voi stessi e con un po' di più potete anche sviluppare più soldi. Ci tornerò dopo.

Questo fatto porta poi anche ad un altro fatto, che si dovrebbe scambiare il vostro tempo per più soldi, al fine di avanzare davvero finanziariamente. Ma questo è possibile solo se il tuo finanziere, di solito il tuo capo, la vede anche in questo modo. Nelle classi tariffarie, questa è un'altra storia. Quindi significa: se si desidera ottenere più soldi per il vostro tempo, si dovrebbe vedere in quali circostanze si può ottenere esattamente questo. Ci possono essere dei fattori possibili: Datore di lavoro, luogo di lavoro, area di responsabilità, prestazioni lavorative, ecc. Probabilmente sapete meglio di chiunque altro cosa avete bisogno o dovreste fare per portare uno di questi fattori al livello desiderato. Per guadagnare più soldi per lo stesso tempo in un'occupazione, è necessario considerare la possibilità di cambiare questi fattori. Voglio quindi chiedervi di avere una panoramica accurata della vostra attuale situazione dei dipendenti e vedere come potete fare più soldi.

In determinate circostanze può anche avere senso cambiare la descrizione del lavoro. Più facile a dirsi che a farsi, ma spesso i concorrenti laterali sono una componente interessante in diversi settori professionali. Si può anche lavorare come naturalista in un'agenzia di consulenza, perché può essere molto importante consigliare un'azienda chimica con competenza e comprendere meglio alcuni processi scientifici per capire meglio i processi, gli ordini dei clienti, ecc. Gli specialisti sono coinvolti in importanti processi chiave in tutti i settori industriali. Non c'è nulla di male se ci si limita a guardare in Internet per scoprire quali sono le posizioni pubblicizzate e quali profili professionali sono alla fine concepibili. Anche se ci vuole tempo e fatica per inviare finalmente la domanda, nel peggiore dei casi si potrebbe ottenere un lavoro meglio retribuito. Fai un tentativo!

Se rimani in questa dipendenza, la tua ruota del criceto continuerà a girare mentre segui i tuoi soldi mensilmente per pagare le bollette e così via. Questi, a loro volta, richiedono che tu guadagni per coprirli. Poiché hanno anche una certa durata, vi obbligano ad adempiere a questi obblighi per un periodo di tempo più lungo. Nel corso del tempo, alcune di queste passività saranno sostituite da nuove passività. La ruota gira e gira e gira e gira e gira e gira e gira e gira.....

Se questo non funziona o non ti dà un vantaggio significativo, devi solo prendere quello che puoi ottenere. Prendi il meglio che puoi se fai del tuo meglio. Naturalmente, si può anche costruire un certo livello di prosperità in un rapporto di lavoro abbastanza semplice e modesto. Questo richiede più tempo e richiede un po' più di modestia, ma funziona anche. Imparerai a farlo ora.....

Costruire ricchezza con un misero salario mensile

Certo, questo titolo è piuttosto provocatorio, ma è inteso a descrivere l'immagine che la maggior parte delle persone là fuori hanno come un'impressione del loro stipendio mensile: Alla fine del mese, non c'è più denaro o quasi nessun salario. Come dice un bellissimo detto:

Alla fine dei soldi, è rimasto così tanto mese.

Le ragioni principali sono due:

1) Non guadagni abbastanza soldi. E ne abbiamo gia' parlato prima. Ci sono modi per guadagnare di più con il tuo attuale lavoro, ma alcuni di questi non sono nelle tue mani e possono quindi essere determinati solo da altri fattori sui quali hai solo un'influenza limitata.

2) Spendete troppi soldi. Significa che stai sprecando troppo di quello che ottieni mensilmente con i tuoi stipendi. E ho deliberatamente scelto la parola "spreco". Perché di sicuro spendete troppo denaro per cose di cui non avete realmente bisogno. Almeno non con urgenza. Certo, dovresti essere in grado di pagare l'affitto e anche il cibo e le bevande. Ma quali sono i costi aggiuntivi? I costi del telefono cellulare, i costi dell'auto, magari finanziando i costi di altri elementi come mobili o elettronica. Naturalmente, queste sono cose di cui non ti piace fare a meno. Ma queste sono anche cose che consumano gran parte del tuo stipendio ogni mese. Si tratta dei cosiddetti "cattivi crediti di consumo". Ne parlerò nel prossimo capitolo e vi dirò perché non potete costruire la prosperità se non cambiate il vostro modo di pensarci.

In ultima analisi, alla fine del mese non avrete più denaro da risparmiare, investire o investire. Se alla fine non ci sono soldi per iniziare qualcosa di significativo, inizierete il vostro nuovo mese proprio come avete finito quello vecchio. Cioè senza mezzi finanziari. Inizierai il nuovo anno come hai finito quello vecchio. Continuerai a vivere come hai vissuto prima. E' auspicabile? Vuoi che lo faccia? E lo vuoi davvero? Tipo, giusto? Non hai altri obiettivi o desideri? In caso contrario, allora non dovreste perdere tempo con questo libro e tornare alla vostra vita quotidiana perché siete semplicemente felici e soddisfatti del vostro modo di vivere. E, ripeto, va bene se va bene. Ma se hai ancora obiettivi e desideri insoddisfatti, da qualche parte nel tuo cuore, dentro di te, per favore leggi un po' più in là, perché allora ti mostrerò come farai esattamente questo! Non succederà da solo. Dovresti esserne consapevole fin dall'inizio. Ma succedera', se lo prendi bene. Dovremmo prima di tutto chiarire perché alla fine del mese non avete più denaro da risparmiare.

I debiti dei consumatori non sono debiti onorari!

I debiti dei consumatori sono quelle spese ricorrenti che sono soggette a consumo, cioè quelle che dovete pagare per il vostro contratto di telefonia mobile, credito per il vostro telefono cellulare, un televisore o simili. Credimi, so di cosa sto parlando. Sicuramente ora pensi: Ma mi serve un cellulare! Non credo che possiamo discuterne, specialmente nella società di oggi. Sono d'accordo con la maggior parte di questo. Tuttavia, dovreste prendere in mano il vostro cellulare e vedere se deve essere esattamente questo cellulare! Non sarebbe stato più economico? Naturalmente quella attuale è più fredda, ha più funzioni, una fotocamera migliore ed è più veloce, ma costa anche di più. Se non mensile, dalla perdita di valore per ogni utilizzo. Ha considerato i costi di riparazione del cellulare? Hai i soldi di lato?

Per favore non fraintendetemi: non voglio dirvi che non dovreste possedere un telefono cellulare o meglio vendere subito quello attuale. Non e' proprio questo il punto. Voglio solo sensibilizzarvi su alcune cose e presentarvi con una prospettiva diversa. Io stesso amo la tecnologia e sono il primo a volere subito una nuova innovazione, ma so anche che è irragionevole ed è per questo che la lascio. Non la lascero' per sempre, ma le mie priorita' sono diverse. Non stai cercando di firmare un costoso contratto di telefonia mobile per avere un telefono cellulare in tasca al prezzo di una piccola auto usata. La priorità è quella di risparmiare nel presente e di bilancio saggiamente con i vostri soldi in modo che in seguito, senza doverci pensare, è possibile acquistare direttamente un tale telefono cellulare. La testimonianza che sto cercando di fare e' questa: Decidi di finanziare un telefono cellulare o altre cose che ti costano molto e soprattutto devi lavorare mensilmente per poter pagare la rata mensile. E' li che stabilirai le tue priorita'. Ma poi ti lamenti di non avere più soldi alla fine del mese. Capisci in quale circolo vizioso ti trovi con questo? Semplicemente non funziona. Probabilmente dovete essere pronti a passare qualche anno con un telefono cellulare più economico e non scegliere il modello più nuovo e più costoso. Questo ti permette di avere un po 'di soldi rimasti alla fine del mese per risparmiare un po 'di soldi. Questo finanziera' la tua prosperita', credimi. Anche piccole somme mensili sono sufficienti per costituire, nel corso degli anni, un capitale considerevole, da soli. E questo di cui puoi prenderti cura per il resto della tua vita. Deve valere la pena di praticare qualcosa di rinuncia per non vivere tutta la vita dalla mano alla bocca. Capisci cosa sto cercando di dirti? Compri cose molto costose, peggio ancora, le finanzia per mesi e poi deve pagare un importo mensile che deve essere servito. Quindi lavorerai solo per coprire le tue spese ricorrenti. E hai paura e non sai come coprire i costi se purtroppo perdi il lavoro. Con ogni finanziamento nella vostra situazione attuale aumentate la vostra pressione e il vostro onere mensile. Ti costringe a entrare nella ruota del criceto e gira sempre più velocemente. Stai aumentando la tua dipendenza dalla dipendenza.

E' sempre spiacevole tornare indietro, è ovvio, ma non ne vale la pena per te? Non vale la pena per te risparmiare qualche euro al mese che puoi investire in modo sensato (e con questo intendo davvero sensato - ne parlerò più avanti - per costruire la tua ricchezza e realizzare i tuoi obiettivi e i tuoi sogni? I tuoi obiettivi non ne vale la pena? Allora perché ce l'hai? Vuoi sognare tutta la tua vita e fare un giorno della stessa merda e poi andare infelice di anno in anno e non cambiare nulla nella tua vita? E' un casino, davvero. O non sei abbastanza importante o stai mentendo a te stesso. Un IPhone 8 è proprio quello che vuoi di più che dare in seguito alla tua famiglia una vita indipendente e libera, e non solo una settimana di vacanza sulla Mosella, ma anche per scoprire altri luoghi e culture che ti emozionano? Pensi che stia esagerando? Davvero? Poi si prega di dare un'occhiata a quale sia l'effetto degli interessi composti e cosa fa con 1.000 euro in 10 anni ad un rendimento annuo realistico dell'8%. Raddoppierà il tuo capitale, ancora di più. Dopo 10 anni, riceverai circa 2.160 euro da 1.000 euro con un rendimento annuo dell'8%. Non ti daro' una vita spensierata, giusto. Ma immaginate se poteste salvare ancora di più. Immaginate di poter risparmiare 10.000 euro all'anno. Ogni anno. Vedi dove ti può portare tutto questo? Non sottovalutare quali piccoli importi compongono ogni mese per accumulare capitale significativo dopo pochi anni. Non ti costa molto rinunciare a qualche cosa al mese. Ma vi costa molto rinunciare ai vostri desideri e obiettivi per tutta la vita.....

Per favore, fai subito una lista, e dico sul serio! Si prega di prendere carta e penna per scrivere i punti più importanti. Non ho intenzione di iniziare a elencare gli aspetti psicologici ora, perché è importante scrivere davvero i vostri pensieri e punti.....

Quindi, vi preghiamo di annotare ciò che avete acquistato, finanziato, ecc. negli ultimi 12 mesi e ciò che non è particolarmente rilevante per la vostra vita quotidiana. Naturalmente bisogna essere severi e onesti con se stessi, altrimenti si può rendere tutto plausibile. Alcuni esempi tipici: Telefoni cellulari, televisori, vestiti, elettrodomestici da cucina, macchine fotografiche.....

....okay, spero che tu abbia scritto cinque cose. Se non hai scritto cinque cose, allora dovresti chiederti seriamente se sei stato onesto con te stesso e non hai nascosto le cose su te stesso o le hai giustificate a te stesso. Sto parlando di cose in cui avrebbe fatto una versione più economica o in cui avresti potuto farne a meno.

Se non hai trovato cinque cose e sei stato onesto e critico, questo è sicuramente positivo per il tuo comportamento di risparmio.

Ora, scrivi cinque motivi per cui avresti dovuto risparmiare quei soldi. Quali sono i tuoi obiettivi? Cosa vuoi veramente fare o realizzare? Dove vuoi davvero andare? Dove vuoi vivere? Cosa volete assolutamente rendere possibile per i vostri figli (in seguito)?

Scrivilo qui:

Perché è importante che tu scriva le cose? Perché da un lato è importante pensarci a lungo e perché dovreste vedere come le vostre spese si rapportano ai vostri obiettivi e al vostro potenziale di risparmio. Sicuramente non sarete in grado di dare ai vostri figli una vita economicamente libera se oggi rinunciate alla vostra e-sigaretta elettronica. Ma siate consapevoli che ogni milione di euro inizia con un solo euro. Siate consapevoli del fatto che ogni euro di consumo vi porta più lontano dai vostri obiettivi e dai vostri sogni. Siate consapevoli che non potete risparmiare 100.000 euro se non siete disposti a risparmiare 10 euro al mese. Risparmiare è come qualsiasi altra cosa al mondo: è difficile iniziare, ma bisogna fare il primo passo per andare avanti.

Vale la pena per voi e ridurre le vostre richieste di risarcimento per alcune cose almeno per un po' di tempo. Che si tratti di auto, telefono cellulare, TV, divano o vacanza: non sempre deve essere il più costoso nella vostra situazione. Più risparmi oggi, più ne avrai più tardi. Sono le piccole cose che ogni giorno causano grandi cose in pochi mesi e anni.

Spendete troppi soldi in cose che vi delizieranno per un breve periodo di tempo ma che non vi porteranno da nessuna parte della vostra vita. Cercate di ridurre un po' la vostra spesa di consumo giornaliera, settimanale, mensile e quindi annuale. Non zero. Non e' necessario. Un certo comfort o sicurezza non dovrebbe mai soffrire di conseguenze di risparmio, ma per favore non spendere più del necessario, perché questi sono i costi che dovrete lavorare per tutta la vita. Scegli tu: O lavori tutta la tua vita per soldi, o il denaro funziona tutta la tua vita per te. Non è una decisione facile perché l'idea di lasciare che il denaro funzioni per noi sembra così lontana da noi che non ci crediamo affatto. Tuttavia, questo è perché abbiamo imparato a conoscere la gestione del denaro completamente sbagliata, perché siamo cresciuti in circostanze che ci costringono nella ruota del criceto. Non è mai piacevole cambiare abitudini. Ma vedi dove ti hanno portato le tue abitudini e ora ti tengono prigioniero. Ha quindi senso avvitarsi in queste abitudini per scoprire nuove prospettive.

Ogni decisione che prendi dovrebbe essere presa consapevolmente. In una fase successiva parleremo nuovamente di come si riesce a prendere le decisioni giuste in modo inconsapevole. Ci sono alcuni strumenti su cui torneremo. Ma non c'e' modo di costruire una consapevolezza delle proprie scelte. E si ottiene questa consapevolezza ripensando le decisioni e poi prendendo una decisione logica e significativa per te stesso per quanto riguarda i tuoi valori, idee e obiettivi. Anche in questo caso è necessaria una formazione per ripetere questo processo. Poi a un certo punto si riesce a sviluppare una sorta di automatismo, ma arriviamo a quel punto in ritardo.

Perché è così importante farne a meno oggi per poter beneficiare domani di questi risparmi? Il clou è: se investite e risparmiate il denaro che attualmente spendete mensilmente attraverso la vostra spesa dei consumatori in modo sensato, in pochi anni sarete in grado di permettervi qualcosa di più grande e migliore, e avrete ancora più soldi di quelli che avreste speso oggi. Non è un discorso superficiale, è matematica pura. Naturalmente dobbiamo anche parlare di come investire il vostro denaro in modo sensato, come ottenere i rendimenti e quali possibilità ci sono di trovare i blockbuster giusti.

Quali sono le fonti di reddito e quali hanno senso per te?

I soldi possono fluire nelle vostre tasche da molte fonti. Alcuni sono più accessibili, quindi di solito non offrono così tanto denaro in cambio, mentre altri richiedono più tempo, energia o addirittura un investimento preventivo. Sembra molto scomodo quando si legge da soli. Di norma, questo è spesso il caso, ma questo tipo di fonti di reddito offre il massimo rendimento.

In linea di principio, si distingue tra reddito attivo e passivo. Le persone attive sono coloro per i quali si offre attivamente qualcosa in cambio: Quindi o il tuo tempo, il tuo lavoro o altre cose. Un esempio di ciò è la nota attività di lavoro dipendente. Qui scambiate il vostro tempo di lavoro e le vostre prestazioni con uno stipendio mensile.

Le fonti passive di reddito sono quelle che ti danno regolarmente una certa quantità di denaro senza che tu debba fare attivamente qualcosa al riguardo. Questo potrebbe essere, ad esempio, il reddito da locazione di una proprietà residenziale. La proprietà ti butta via regolarmente un importo per il quale non devi investire attivamente nulla (o molto poco) in tempo e fatica.

Se si confrontano le due cose, si dirà sicuramente che il reddito passivo è più confortevole e piacevole.

Vorrei anche distinguere tra entrate scalabili e non scalabili. Fanno un'altra importante differenza nell'ammontare del vostro reddito regolare.

Scalabili sono quelle entrate che, in teoria, possono diventare infinitamente grandi perché non sono legate a risorse o capacità limitate. Quindi significa: se vendi un corso di formazione online attraverso la tua presenza in internet, può essere moltiplicato elettronicamente quasi all'infinito. Può essere venduto in tutto il mondo, a condizione, ovviamente, che la barriera linguistica non costituisca un ostacolo. In questo modo è possibile generare ricavi quasi infinitamente elevati con un solo prodotto (teoricamente). Naturalmente, la maggior parte delle persone comprerà il tuo addestramento solo una volta. Ma se tutti nel mondo hanno la tua formazione, allora ci sarebbe dovuto essere un reddito sufficiente.

Le entrate non scalabili sono quindi quelle che hanno una capacità o risorse limitate. Quindi la vostra attività di dipendente o anche di lavoro autonomo non è scalabile, perché per guadagnare di più dovreste lavorare di più. Purtroppo, il giorno non ha ancora più di 24 ore. Lavorare più di 24 ore al giorno non funziona.

Infine, si distingue tra proventi non ricorrenti e proventi ricorrenti. Sono unici quando si aspettano i tavoli al matrimonio del tuo migliore amico e vengono ricompensati per questo. Le entrate ricorrenti si verificano quando si è pagati per i propri servizi a intervalli regolari, come ad esempio il lavoro, dove si cambia regolarmente lavoro in cambio di denaro.

Il risultato per lei dovrebbe essere la risposta alla seguente domanda: A quali fonti di reddito state attingendo attualmente e a quali fonti di reddito volete idealmente possedere? Avete una fonte di reddito ricorrente ma attiva e non scalabile? Allora il fattore ricorrente è almeno buono. Avete una fonte di reddito una tantum, non scalabile e attiva? Allora devi cambiare qualcosa. Quale sembra essere la soluzione migliore per voi ora? Io uso le mie capacità psichiche e sospetto che tu preferisca una fonte di reddito scalabile, ricorrente e passiva. O molti di loro. Stimmt's

Avete appena appreso qualcosa di non insignificante: oltre al fattore quanti soldi arrivano ogni mese, è altrettanto importante dove e come il vostro denaro arriva. Questo spesso sembra essere rilevante solo per un secondo aspetto, perché, dopo tutto, non ci si lamenta quando grandi quantità arrivano regolarmente, almeno per un po' di tempo. Questo è vero, ma questi fattori ti limitano se si discostano dall'idea ideale di cui sopra.

Che ti succede? E' semplice: sprecano troppo del tuo tempo prezioso. Perché può certamente avere senso guadagnare una quantità minore di entrate attraverso un'attività scalabile e passiva e ricorrente piuttosto che guadagnare importi maggiori attraverso il reddito attivo. Perché quando si genera un reddito passivo, si ha a disposizione il tempo risparmiato, a differenza del lavoro attivo, per creare una seconda fonte di reddito passivo. Questo permette di generare la seconda sorgente passiva, poi costruire nuovamente la terza e così via e così via.....

Certo, sembra molto più facile di quanto lo sia qui. Vedete, tuttavia, che l'output è di molte volte maggiore che con altre fonti di reddito, perché si guadagna sempre il fattore "tempo" decisivo per voi stessi, che vi permette di essere di nuovo più produttivi. Il tutto non deve culminare in te che lavori e generi una fonte passiva di reddito dopo l'altra. Solo così tanti o così grandi che buttano via ciò che si vuole avere per tutta la vita. Non ne ho bisogno, voglio!

Le persone hanno i presupposti più diversi per ogni cosa nella vita. Molte cose ci distinguono e ci rendono le cose più facili o più difficili da abbandonare, influenzati da noi o dal mondo esterno. Ma tutti noi abbiamo una cosa a disposizione: il tempo! Tutti, che si tratti di Steve Jobs, Jeff Bezos o Bill Gates, hanno le vostre stesse 24 ore al giorno. Nessun uomo ha più ore al giorno a sua disposizione di te. Quindi l'unica cosa importante e' come usi quel tempo. E questo è il punto cruciale!

La tua situazione e il motivo per cui al momento hai troppo pochi soldi

Questo può essere dovuto solo a due motivi: o si guadagna troppo poco o si spende troppo. In entrambi i casi, dovresti pensare seriamente al tuo stile di vita. Questo probabilmente è il caso, perché altrimenti non avresti pensato di leggere questo libro in primo luogo. Si possono dire due cose in modo molto semplice: in primo luogo, si guadagna troppo poco e, se si ha la scelta, si vorrebbe guadagnare di più. Ma non è così semplice. E punto 2: Siete per lo più convinti che quello che trascorrete ogni mese è sicuramente necessario per vivere. Anche questo non è così facile da dire.

Abbiamo già parlato del punto 1. Ne parleremo più in dettaglio in una fase successiva. Dovremmo ora esaminare più da vicino il punto 2 a questo punto.

Spendete troppi soldi! E anche se non siete convinti in questo momento, vedremo alla fine di questo capitolo che dopo tutto ho ragione. L'intera faccenda è e rimane una questione di interpretazione. Pertanto, lei lo interpreta come se stesse spendendo solo la minima quantità di denaro, e io lo interpreterò come una spesa inutile. Vediamo chi ha ragione alla fine. Probabilmente avrò ragione perché voglio che tu veda che il tuo punto di vista è davvero inappropriato se credi davvero che non stai buttando troppi soldi dalla finestra. Non è sbagliato, solo inadatto. Abbiamo già parlato degli obiettivi e della disponibilità a scendere a compromessi per raggiungerli. Ora per le vostre spese mensili.

Questa sezione sarà un po' più interattiva perché mi aspetto che tu lavori con me adesso. E anche se pensate che non sia necessario svolgere un ruolo attivo in questo capitolo, vi esorto comunque a parteciparvi realmente. Dopo tutto, si tratta della vostra prosperità e dei vostri soldi. Quindi ha decisamente senso che tu ti faccia coinvolgere qui ed ora. Dopo tutto, hai già investito in questo libro. E questo è l'argomento dell'omicidio colposo per eccellenza. Beh, allora dovrebbe valerne davvero la pena.....

Passo dopo passo verso la consapevolezza finanziaria

Quanti soldi spendete ogni mese? Come stima approssimativa potete scrivere il vostro reddito netto mensile una volta su un foglio di carta bianca. In seguito, si prega di annotare le somme che sono state in grado di accantonare come eccedenza o addirittura di risparmiare regolarmente negli ultimi tre mesi. La differenza tra questi due è la vostra spesa mensile.

Il vostro obiettivo dovrebbe essere quello di ridurre al minimo i costi mensili e massimizzare le vostre eccedenze. Quali sono le vostre spese mensili? Per favore, fai una lista di quello che passi ogni mese. A questo punto, non valuterò affatto le sue spese. Tuttavia, è importante che tu scriva le tue spese nel modo più dettagliato possibile. Affitto, cibo e bevande, cinema, auto, benzina, assicurazione.....

Ora aggiungi due colonne in più dove puoi valutare l'importanza o l'urgenza delle tue spese. Una scala da 1 a 10. 1 sta per "non così importante" o "non così urgente" e 10 sta per "molto importante" o "molto urgente".

La valutazione delle vostre spese è molto importante. Vi mostra l'importanza che attribuite alle vostre spese e allo stesso tempo rivela se e quale opinione avete per giustificare le vostre spese, se necessario. E' importante che tu sia onesto su questa valutazione. Dipende fortemente dalla necessità che vedete nelle vostre spese. Più dettagliato è l'elenco delle spese e più onesto è il vostro rating, più facile è fare progressi.

Ora, per favore, completa l'elenco in dettaglio prima di procedere. Si prega di cercare di indicare l'importanza e l'urgenza di ogni questione, anche se è difficile o non realmente possibile. C'è in gioco molto di più di un semplice numero, ma si dovrebbe sicuramente cercare di trovarne uno.

Dopotutto, importanza significa quanto sia importante qualcosa per te. Una grande importanza dimostra che si è disposti a spendere un po 'di soldi e sicuramente vedere un grande beneficio in esso.

L'urgenza vi dice quanto sia urgente affrontare questo problema, poiché è atteso da tempo o estremamente importante per i vostri progressi immediati.

Cosa ti dice questa lista?

Avete ora elencato, per quanto possibile, tutte le spese che rappresentano un onere mensile per voi. Inoltre, avete attribuito importanza e urgenza a tutte le spese, senza eccezioni.

Dovremmo iniziare con quanto sia stato facile per voi valutare le vostre spese. Se è stato molto facile per lei, significa che si tratta di una questione sensata ai suoi occhi, che è o era importante e/o urgente. Ciò può essere messo in discussione solo se si trattasse realmente (nel modo più oggettivo possibile) di una questione importante e/o urgente o se si sia verificato un processo di giustificazione subconscia. Esamineremo questi problemi più tardi.

Cominciamo osservando i tipi di problemi che avete trovato difficile valutare. Perché ha trovato difficile la valutazione? Forse perché non vedete alcun beneficio diretto o perché non è stata data l'importanza o l'urgenza. Oppure la valutazione sembrava troppo astratta, cosicché una valutazione non è semplicemente possibile.

Guarda di nuovo da vicino questi punti. Di che tipo di spesa stiamo parlando? Sono spese incredibilmente importanti per te? Che devi fare per mantenere il tuo standard di vita? O sono spese di cui si può fare a meno, o almeno non si deve fare regolarmente?

Spesso questo tipo di spesa è di natura tale da non poterne beneficiare. Pertanto, la valutazione è anche molto difficile per noi. La maggior parte del tempo, le spese si insinuano nel fatto che non ripensiamo attivamente e alla fine del mese ci chiediamo perché le abbiamo fatte. Queste sono le spese che ci fanno guardare fuori dalla nostra lavanderia con stupore ogni mese per capire perché non siamo riusciti ancora una volta a generare una piccola eccedenza. Con questi non abbiamo alcun reale controvalore fattuale o emotivo. Succede semplicemente e sfugge alla nostra attenzione. Eppure ci riducono il capitale, mese dopo mese, mese dopo mese.

Spesso sono le piccole cose di cui possiamo fare a meno che si sommano a qualcosa di grande. Ecco perché si dovrebbe sicuramente vedere se non è possibile eliminare completamente i problemi che avete trovato molto difficile da valutare. Se non ci riesci, puoi vedere se non riesci a ridurre al minimo queste spese. Hai davvero bisogno di questo contratto? Non c'è una tariffa più economica? Hai un modo per porre fine a questo contratto? Leggi almeno la rivista a cui sei abbonato? Spendete attivamente questi soldi ancora e ancora e ancora? Che cosa significa per te la rinuncia?

Spesso sono semplicemente le abitudini che ci spingono sempre più volte a spese così assurde. E se si annotano i benefici che si traggono da queste spese e allo stesso tempo si annotano cosa succede se si fa a meno di esse, si vedrà che all'improvviso può verificarsi un effetto AHA: L'effetto AHA, che ora vi dà la certezza che questo risultato non è necessario e che senza di esso non avrete alcuna restrizione. Il potenziale di risparmio è spesso un po' nascosto, in spese che non vediamo così ovviamente, ma che tuttavia sorgono in gran numero.

Il secondo punto descrive le questioni in cui si potrebbe improvvisamente cogliere un'importanza e un'urgenza. Se la spesa è importante, dovresti farlo. Se le spese sono urgenti, probabilmente dovrai farle tu. Tuttavia, ciò non significa che siano importanti allo stesso tempo. Quindi controlla se le tue spese urgenti sono importanti anche per te. Non si tratta di stabilire se sia importante risolverle ora. Si tratta di sapere se le spese offrono benefici reali e reali per voi, sia fisicamente che emotivamente. Un'elevata urgenza e un'importanza bassa o viceversa devono essere definitivamente verificate. Perché è urgente, se non importante? Qui abbiamo il più grande potenziale di conflitto nelle vostre spese. Se i due numeri, importanza e urgenza, differiscono troppo l'uno dall'altro, dovete assolutamente verificare qual è la questione, perché lo state facendo e se e come potete ridurla o modificarla.

Se l'importanza e l'urgenza sono inferiori o uguali a 6, si dovrebbe essere in grado di farne a meno senza problemi. Non c'è nessun altro motivo per cui hai fissato un numero così basso. Nella valutazione 7/8 si può discutere. Qui si forma una categoria, con la quale non necessariamente si vuole o si può fare a meno delle spese. Può quindi avere senso ridurre semplicemente e semplicemente la spesa per questi ultimi. Ci sono alternative più economiche? Queste spese sono davvero giustificate al 100%? Potete e dovreste porvi queste domande qui.

Le spese con un rating di 9/10 in una delle due colonne devono essere confrontate innanzitutto con il rating della seconda colonna. Una deviazione troppo ampia dovrebbe sicuramente essere controllata più da vicino, per quale motivo si verifica e se vi è un potenziale di risparmio. Se entrambe le categorie sono altamente valutate, allora questo è il potenziale di risparmio più basso, a meno che non siate irrealistici nei loro confronti. Le spese di affitto mensile possono essere rapidamente considerate importanti, ma vanno oltre la vostra portata. Quindi, considerate anche qui se e quale potenziale di risparmio è disponibile.

Le questioni che per noi sono importanti sono questioni alle quali attribuiamo un grande beneficio emotivo o razionale. Vogliamo solo scendere a compromessi riluttanti o rinunciarvi. Anche questo va bene, a condizione che ci siano altre edizioni inferiori con cui si può iniziare. Se l'aria sottostante si assottiglia e non ci sono più spese dove c'è più potenziale di risparmio, allora si devono prendere in considerazione anche le spese più importanti per noi. Ultimo ma non meno importante, ma in caso di dubbio anche questo. Perché: il risparmio deve essere! In ogni posizione, in ogni situazione, dovresti salvare. Senza risparmiare, non si costruisce la prosperità. Se non risparmiate, non importa quanto sia alto il vostro reddito mensile, manterrete sempre le vostre spese così alte che non potete aumentare efficacemente la vostra prosperità, perché con l'aumento del reddito aumenterete anche le vostre spese. Anche se questo può portare ad un livello di vita presumibilmente più elevato, ti fa dipendere dal tuo reddito mensile come lo eri prima per coprire i costi. Stai solo allargando la ruota del criceto. Più entrate significa quindi più spese per voi, il che a sua volta vi costringe ad aumentare le vostre entrate. Questa dipendenza probabilmente non ti permetterà di essere soddisfatto e felice. Perché non importa quanto bene stai facendo, se sei costretto a fare qualcosa che non vuoi veramente fare, o se sei dipendente da qualcosa su cui hai solo un'influenza limitata, sarai sempre accompagnato da insicurezza. Anche se si ottiene un ottimo reddito mensile nella vostra azienda, siete ancora molto dipendenti dalla situazione economica dell'azienda, dai vostri fattori superiori e da altri fattori. E se pensate che un rapporto di lavoro sia sicuro, allora dovreste affrontare le ondate di licenziamenti da parte delle grandi aziende se non raggiungono il numero di licenziamenti previsto.

Che cosa dicono le vostre spese su di voi e sul vostro comportamento dei consumatori?

Devi avere un tetto sopra la testa da qualche parte. Ma paghi troppo l'affitto? Non potresti anche tu, se non altro per un certo periodo di tempo, andare d'accordo con un appartamento più piccolo? Per i tuoi sogni? Non ne vale la pena? Verificate ora il costo del vostro affitto per metro quadrato e confrontatelo con l'affitto medio per metro quadrato della vostra regione. Ci sono appartamenti che sono abbastanza grandi per voi e forse anche più economici? Cosa c'è di sbagliato? Naturalmente una mossa costa sempre denaro. Ma se si possono risparmiare 70 euro di affitto al mese trasferendosi in un nuovo appartamento, e il trasloco costa 400 euro, allora si avrà il trasloco dopo 6 mesi. Dopodiché, risparmierai denaro!

A quanto ammontano le vostre spese? Spesso ha senso cambiare regolarmente il fornitore di energia elettrica o l'operatore telefonico, in quanto alcuni fornitori offrono ai nuovi clienti sconti molto interessanti. Non c'è niente di male nel cambiare ogni due anni al più tardi. Quale riscaldatore si usa? Avete un riscaldatore notturno o un altro sistema di riscaldamento molto costoso in casa vostra? Quale efficienza energetica è disponibile? Naturalmente, queste sono tutte cose che la gente non ama necessariamente affrontare. Ma non vale la pena investire i 10 minuti in una breve ricerca su Internet? Non è mai stato così facile per noi umani ottenere informazioni. Quindi, per favore, siediti al tuo PC e fai subito un confronto. Se non lo fai ora, non lo farai domani. E certamente non la prossima settimana. Hai comprato quel libro per cambiare la tua vita. Beh, non succederà da solo. Quindi, per favore prenditi 10 minuti per leggere il libro in meno ora e fare una ricerca corrispondente su Internet. Ci sono enormi portali di confronto che lo rendono davvero incredibilmente facile per voi.

Un altro punto importante è dove si trova il tuo appartamento? E' vicina a dove lavori? Se no: ha senso cercare un appartamento nelle vicinanze per risparmiare sui costi di viaggio, ecc. Certo, e' super scomodo. Ma se non avete intenzione di rinunciare al vostro impiego con breve preavviso, potete davvero risparmiare molti soldi. Benzina, biglietti, ecc. Ti costerà sicuramente un bel mese anche a te. Pensaci almeno una volta.

Cibo e bevande: non dovresti risparmiare così tanto qui. Cibo e bevande sono importanti. Inoltre, non è necessario acquistare uova di polli torturati o carne spruzzata d'acqua per 4 euro al chilo. Ma non deve essere Coca Cola dalla stazione di servizio o regolarmente i frutti più esotici. In Germania si vive il lusso di poter acquistare alimenti freschi e di alta qualità a prezzi molto ragionevoli. I prodotti di stagione, i prodotti della gamma, i prodotti senza nome dei discount, che sono comunque molto buoni e imbattibili nel rapporto prezzo/prestazioni, possono farvi risparmiare molto ogni mese. Basta guardare brevemente a dove si trova il potenziale di risparmio. Per favore, vai al tuo frigorifero e vedi dove avresti potuto salvare qualcosa. Ora avete un'idea di dove e come potete risparmiare regolarmente sostituendo l'uno o l'altro prodotto con un'alternativa più economica. Non sempre, ma certamente una volta ogni tanto.

Cosa significa essere ricchi in realtà?

Essere ricchi è sempre relativo, per cui almeno spesso viene suggerito. Alcuni sono ricchi di esperienza, alcuni sono ricchi di conoscenza, altri sono ricchi finanziariamente. Vedi, non esiste una definizione universale dell'essere impero. In Germania, tuttavia, si tratta di una struttura finanziaria già strutturata: Le persone sole che guadagnano almeno 3.418 euro al mese sono considerate ricche di statistiche. Nel caso delle società di persone, il limite di reddito è di 5.127 euro al mese. Tali valori corrispondono all'utile netto. Le cifre sono ottenute perché rappresentano il doppio del reddito mensile medio. Tuttavia, solo l'"imposta patrimoniale" si applica ai redditi superiori a 250.000 euro.

Nella percezione di molte persone, tuttavia, la ricchezza non è così chiaramente definita. Qui è considerato ricco chi guida un'auto costosa (acquistata, finanziata o noleggiata), indossa gioielli costosi, è vestito con abiti firmati o può uscire regolarmente per un pasto decadente. Essere ricchi è quindi chiaramente definito da un lato, ma dall'altro è anche una questione di interpretazione.

Naturalmente, bisogna anche ammettere che esistono diversi tipi di ricchezza, come descritto sopra. Tuttavia, se ora vogliamo limitarci alla ricchezza finanziaria, il quadro diverge in una certa misura tra la ricchezza regolata dalla legge e la ricchezza soggettiva.

Mi sta molto a cuore che tu stia pensando a cosa significa per te essere ricco. Tuttavia, questo libro riguarda la ricchezza in termini finanziari. Per questo motivo, dovreste considerare quali sono i vostri obiettivi finanziari. So che il denaro non è tutto, ma è necessario per rendere quasi tutto possibile. Pertanto, vi prego di non avviare un dibattito fondamentale a questo punto, ma solo di proseguire su questo punto.

Allora, da dove inizia la prosperità finanziaria per voi? Dove la ricchezza? Di cosa hai bisogno per sentirti bene? Di cosa hai bisogno per diventare ricco? Di cosa hai bisogno per essere finanziariamente libero?

Scrivi almeno cinque cose che vuoi possedere. Cose materiali che sono importanti per te. Anche se si tratta di un viaggio di andata e ritorno attraverso l'Australia. Quindi tutto quello che vuoi fare, vuoi avere, vuoi essere in grado di fare, ma che di solito ti costa un investimento. Si prega di scriverli qui e cercare su Internet in questo momento per scoprire quanto vi costerebbe ogni numero (se non sapete esattamente, cercate di stimare nel modo più realistico possibile). Se i costi variano notevolmente all'interno di un gruppo di prodotti, si prega di prendere un valore medio o medio) e calcolare insieme questi costi di investimento:

1

2

3

4

5

Un esempio potrebbe assomigliare a questo:

1. viaggio intorno al mondo   14.000 euro
2. Casa più grande 100qm a Düsseldorf, Germania   700.000 euro
3. Costruire una scuola in Africa   170000 Euro
4. auto sportive   130 000 euro
5. Cucina in granito   28.000 euro

Totale: 1 042 000 Euro

Questo è un semplice esempio ora. Gli esempi sono stupidi? Non importa! Dovrebbero solo mostrarti come disegnare la tua lista. Ora vedete una somma che dovreste avere in capitale per rendere i vostri cinque più grandi desideri possibili in termini finanziari. Non finanziare, comprare. Non prenderla in prestito, la mia. Non cominciare, finisci. Alcune di queste cose richiedono, oltre all'acquisto, ulteriori spese ricorrenti (tasse, assicurazioni, ecc.). Significa che hai bisogno di molto di più di quei soldi. Se hai un capitale di 1.000.000.000 di euro, sei in una buona posizione per raggiungere i tuoi obiettivi finanziari a grandi passi. Se scegliete importi inferiori per i vostri desideri o semplicemente costi inferiori, potete già coprire parte dei vostri costi ricorrenti da questo milione di euro. Tanto meglio.

Ora hai diverse scelte: Hai immediatamente tolto questo libro dalle tue mani e hai deciso di vivere la tua vita così com'è, e di non continuare ad occuparsene, perché ti sembra comunque irraggiungibile. Poi si prega di mettere via immediatamente questo libro e venderlo attraverso annunci classificati, in modo da ottenere almeno un euro di ritorno per esso. Allora questo progetto è fallito. Prima di fare questo, tuttavia, dovreste porvi le seguenti domande:

1) Perché ho comprato questo libro?
2) Perché volevo sapere di più su come diventare finanziariamente libero e indipendente?
3) Quali sono i miei obiettivi nella vita?
4) Come posso raggiungerli e come posso contare sul denaro per aiutarmi?
5) Quali sono i miei obiettivi per me?
6) Vale la pena dare tutto quello che ho per i miei obiettivi e per questa vita?

Se si dispone di una risposta chiara a ciascuna di queste domande, si dovrebbe pensare se ha senso dare una possibilità all'intera faccenda. Se riesci a strutturare e definire chiaramente i tuoi obiettivi, e non devi esitare a lungo per trovare le risposte, perché sei disposto a lasciar andare? Perché non stai cercando di raggiungere i tuoi obiettivi? Se davvero non sei in grado di dare una possibilità a tutto questo e fare qualcosa della tua vita, per te stesso, per nessun altro, allora dovresti smettere di leggere ora. E' tutto per te. Poi anche i pochi euro per questo libro erano sbagliati e troppo per te. Allora vi auguro il meglio e molto successo per la vostra strada.

Ma se avete intenzione di continuare a leggere ora, allora o avete un po 'di speranza in voi per raggiungere i vostri obiettivi, avete sicuramente voglia di lavorare su di esso e costruire una certa fiducia in voi stessi, o, siete sicuri di poterlo fare con questo supporto. Più forte è pronunciato, più facile sarà per te. E se dici di sì, ho fame di successo, mi merito questa vita. Voglio raggiungere i miei obiettivi! Poi, con l'aiuto di questo libro, troverete e andrete esattamente in questo modo.

Va bene, facciamolo.....

Se la lista di cui sopra era troppo superficiale per te, allora va benissimo. Non sto cercando di mostrarti un modo per comprare un'auto sportiva. Il mio punto è mostrarvi come comprarlo! Anche se non lo vuoi, attraverso questi meccanismi ottieni i risultati che alla fine ti permettono di ottenere la tua libertà finanziaria. E, come abbiamo già discusso, questi obiettivi sono individuali, ma vale sempre la pena di lottare.

Come puoi fare soldi?

Trovati un lavoro. Fare qualsiasi lavoro che ti aiuti a fare soldi. Se si è già in un rapporto di lavoro, si dovrebbe considerare se si è in grado di risparmiare qualcosa con il proprio reddito mensile. Alcuni grandi esperti finanziari vi consigliano al 10 o 20 per cento del vostro reddito netto, io vi consiglio di più. Non perché sono più intelligente, ma semplicemente perché voglio che tu raggiunga i tuoi obiettivi più velocemente. Ed e' quello che farai se fai una grossa pausa. E quell'incisione fa male. E all'inizio, deve far male. Perché questo dolore ti aiuta a concentrarti ancora di più sui tuoi obiettivi e la fame di successo diventa più forte del più grande dolore.

Quindi, fattura corta, come all'inizio:

Quanto guadagni in rete al mese? Quanto effettivamente entra nel vostro conto bancario mese dopo mese?

Reddito mensile: euro

Quante spese fisse (solo affitto, possibilmente auto, cibo) sono dedotte mensilmente?

Mensile, spese fisse: euro

Quali altre spese mensili ha a disposizione?

Altre spese mensili: euro

Quale di questi è un'assurdità o puoi risparmiare?

Sciocchezze: Euro

Allora, cosa ti resta da fare in un mese?

Reddito mensile

   -La Fixe ha Aushaben.

   -Altre spese mensili

= Euro per risparmiare.

Non metto deliberatamente nessuna sciocchezza in tutto questo. Ne abbiamo già parlato all'inizio. Puoi farne a meno! Dovresti lasciar perdere! Abbiamo parlato se i tuoi obiettivi non valgono la pena per te.....

Quindi: Il denaro che hai ogni mese dovrebbe essere risparmiato. Prendete un massimo del 30% di questo denaro da utilizzare per attività, per investirlo in altri momenti di beneficenza, o per qualsiasi altra cosa. Questo dovrebbe essere il tuo capitale per fare del male.

Ora inizia a mettere da parte questo importo all'inizio di ogni mese. Come, esattamente, ne parleremo tra un minuto. L'importante è che tu salvi prima di spendere.

Perché è così importante? E' semplice. Molte persone vivono, e alla fine vedono quello che resta. E lo salveranno. Dal momento che il momento è l'imbarazzo, si sente l'imbarazzo intero mese imbarazzo che ti costa soldi più e più e più volte e completamente affondare il vostro potenziale di risparmio mensile. Tuttavia, se inizi a mettere via i tuoi importi mensili dall'inizio, sei costretto a calcolare con i tuoi soldi e hai già salvato il tuo importo una volta in modo sicuro. Puoi concederti il resto.

Il tutto non è importante solo finanziariamente, ma anche psicologicamente. Per te farà un'incredibile differenza nel modo in cui gestisci il denaro e in seguito come usi il tuo capitale per fare investimenti. Per questo motivo, questa proprietà o procedura ha un valore straordinario. Anche se non ci credi ancora. Sarà il fattore più importante della vostra prosperità. Se non lo fai, allora non è impossibile per te diventare ricco, ma metterai inutili ostacoli sulla tua strada. E tu vedi cosa penso delle cose inutili: omettere.

La decisione di uscire dalla vostra zona di comfort può essere già abbastanza difficile, quindi perché rendete la cosa ancora più difficile di quanto deve essere? Si prega quindi di applicare questo principio e di utilizzare questa tecnica al più tardi entro il mese prossimo, perché è già possibile calcolare esattamente quanto si risparmia ogni mese sulla base dei mesi passati.

Lo stesso vale sia quando si è in un rapporto di lavoro che quando si è autonomi. Fallo e basta.

Se il tuo lavoro non genera un reddito sufficiente a farti risparmiare almeno 50 - 100 euro al mese, allora ci sono solo le seguenti possibilità: Cercate un lavoro meglio retribuito (sì, anche con la vostra qualifica ci sono opzioni meglio pagate) o cercate un secondo lavoro secondario. Naturalmente, dovrete dedicare molto tempo a questa alternativa di nuovo e investire tempo libero prezioso, ma com'è stato ancora una volta con il valore personale dei vostri obiettivi? Beh..... Dal punto di vista fiscale questo non è ovviamente il giallo dell'uovo, specialmente in Germania. Ma se non hai intenzione di emigrare, non hai scelta. Anche un reddito supplementare, che è tassato al 40 per cento, ti dà ancora più euro che se non l'hai fatto in primo luogo. Giusto? Esatto.

Ci sono un sacco di attività che si possono fare la sera o nei fine settimana. Tutto quello che devi fare è occupartene e informarli. E' un modo interessante per avere un piccolo bonus ogni mese. Questo non si spenderà certamente, perché qui si nota chiaramente ciò che si spende per esso o sacrificio, se necessario.

Avviare una piccola impresa.

Se si guadagnano i propri soldi su base indipendente, naturalmente è necessario registrare il tutto in modo ragionevole. Una piccola azienda imprenditoriale non costa molto. Tuttavia, consente di svolgere attività su base indipendente sul lato. Ora stai pensando: "Va bene, cosa dovrei fare? Puoi fare molte cose. Assumere semplicemente le attività di routine dalle persone del vostro ambiente e far pagare loro un compenso. Se andate comunque a fare shopping, perché non vi offrite di fare acquisti più piccoli per le persone che vi circondano? Per voi quasi lo stesso sforzo, per i vostri simili un grande valore aggiunto, per voi un piccolo bonus finanziario. Molte persone sono disposte a pagare per rilevare servizi più piccoli. Oppure offrirti di pulire la tromba delle scale in modo da non dover assumere un'azienda esterna. Questo potrebbe non essere il vostro ideale, ma vi aiuterà a guadagnare un po 'di soldi, andare avanti e mettere da parte più soldi. Naturalmente, questi sono a volte lavori spiacevoli che non si desiderava necessariamente, ma l'effetto è lo stesso: lavano i soldi nelle vostre casse.

Costruisci la tua, forse anche una piccola impresa per il momento.

Questa affermazione è ora quasi in discredito. Perché è usato come inflazionistico come nient'altro in questo mondo. Ognuno dovrebbe sempre costruire la propria attività e iniziare qua e là per fare davvero dei soldi. Perche' ti trovi cosi' spesso di fronte a tutto questo? Molto semplice: perché è così efficace. E non volevo crederci neanche io. Si', e' cosi'. Perche':

Era ancora cosi' facile per lei in questo mondo fare soldi.

Anche se al momento non vi sembra possibile, considerate il mondo così com'è. Sicuramente sei arrabbiato per l'una o l'altra persona che ottiene i soldi per non fare niente sponsorizzato su Instagram perché hanno 3.000 seguaci o fare alcuni video di intrattenimento youtube che difficilmente aggiungono valore. Ma il mondo di oggi è un posto diverso rispetto a qualche anno fa. Viviamo nell'era dell'informazione, dove Internet sta acquisendo sempre più importanza. E così è ora possibile per noi guadagnare soldi attraverso un semplice intrattenimento online.

Vedete, ciò che al momento è semplicemente possibile. Si guadagna tenendo una macchina fotografica sopra di me, parlando qualcosa nel microfono e condividendola con altre persone. E le grandi aziende pagano per farti promuovere i loro prodotti. Il marketing moderno funziona così. Ed è incredibilmente efficace perché si sono resi conto che questa è la migliore pubblicità che si può fare per loro. E si risparmiano costi elevati per annunci e pubblicità, pagano solo una piccola commissione ai loro "venditori" su Internet. Vedi, e' facile fare soldi in questi giorni. Devi solo vedere queste possibilità e sfruttarle.

Soprattutto nel mondo digitale, è diventato così facile da offrire e commercializzare prodotti o servizi. Ora è possibile raggiungere ogni persona che in qualche modo ha accesso a Internet attraverso uno dei social media.

Beh, ora non si tratta di quanto facilmente altre persone possono guadagnare soldi, ma di come si può guadagnare soldi ora. Molto semplice: Scegliete una cosa in cui siete molto bravi (rispetto ad altri campioni) o che vi piace fare. Con questi troverete più facile da ottenere realmente qualcosa sui vostri piedi e attaccare ad esso. E dietro a tutto ciò che si è bravi o si diverte a fare c'è un modo per guadagnare soldi. A volte basta essere un po' più creativi o avere un nuovo impulso di pensiero. A volte un'idea più folle, a volte più logica, a volte più redditizia, a volte più divertente. Tutti i tipi di idee possono farti guadagnare soldi. La cosa migliore è che si può provare quasi tutto, perché al giorno d'oggi non costa molto. Poiché spesso non hai bisogno di dieci dipendenti, nessun capannone di produzione o nessun ufficio, devi pagare solo pochi euro per la tua idea. Forse una pagina web, un annuncio su Facebook o Instagram. Cosi'. Cosi', cosi'. Di più è sempre possibile, ma all'inizio è sufficiente per verificare come le persone reagiscono alle tue idee e come le tue idee vengono accolte.

In seguito è sufficiente investire un po' di tempo per affrontare alcune cose di base per costruire un sito web e poi implementarle in modo significativo. Ma qui basta qualche video da internet o qualche breve articolo per far rotolare la palla. Cosi' potrai perfezionare tutto, questo e' certo. Ma bastano alcune piccole cose per iniziare. Internet è pieno di possibilità. E' facile ottenere informazioni. A volte informazioni di alta qualità possono costare qualcosa anche a voi. Questi sono per lo più, tuttavia, quelli di cui avete bisogno solo quando si passa al livello successivo. Per i vostri primi passi efficaci, le offerte gratuite sono di solito sufficienti, o solo pochi euro di investimenti necessari.

Quindi, cosa significa che puoi fare soldi con qualsiasi cosa ti piaccia?

Alcuni semplici esempi. Ora elencherò alcune cose che potreste voler fare e poi vi dirò alcune cose con cui potete fare soldi e che sono collegate a queste attività. Sono in parte astratti, ma mostrano che la creatività può aprire prospettive completamente nuove.

Leggi

-Scrivi i riassunti dei libri

-Scrivere blog

-Libri sui tassi

- Acquisto e vendita libri

missiva

-Scrivere un libro

-scrivere poesie

-ghostwriter

- Testo del materiale
- sceneggiatura
- Scrivere script
- racconti

Dipingere

Offrire corsi di pittura

Organizzare incontri di pittura

vendere arte

Applicazione e vendita di arte ai media (tazze, piatti, piatti, ecc.)

Sviluppare il proprio marchio

Pittura per edifici

Ufficio Arte

giocare ai videogiochi

Canale Twitch con interruttore pubblicitario

Organizzare un incontro dei giocatori d'azzardo

Affitto spazio per ESports

organizzare tornei

Guadagnare risultati per gli altri contro pagamento

Presentare consigli e trucchi online

sportivo

Organizzare gruppi sportivi

allenamento

formazione personale

Produzione di attrezzature per la formazione

programmi di formazione

Vedete..... Alcuni di questi esempi non sono del tutto banali e più o meno facili da realizzare. Alcuni hanno bisogno di un investimento, altri no. Alcune idee non sono un business maturo, ma offrono indizi su cui costruire. Ma vedi che puoi familiarizzare con quasi tutte le idee e in qualche modo trarne profitto. Tuttavia, è importante per voi essere redditizi e generare un reddito sostenibile da esso. Una cosa, tuttavia, non dovresti mai dimenticare:

Il tuo profitto dovrebbe sempre arrivare secondo.

Per la semplice ragione che le vostre idee non vi faranno guadagnare se nessuno vede un valore aggiunto nei prodotti o servizi che offrite. Le persone devono prima di tutto essere convinte che hanno bisogno o vogliono il tuo prodotto, che hanno bisogno o vogliono il tuo servizio in modo che tu possa "vendere" qualcosa. Questo significa semplicemente che le vostre idee e i vostri piani aziendali dovrebbero sempre concentrarsi sul valore per il cliente. Senza quel beneficio, non sarai in grado di vendere nulla. Questo contraddice quello di cui abbiamo parlato prima? No, per niente! Devi semplicemente aggiungere una seconda prospettiva all'orientamento delle tue attività. Quindi e' un complemento alla tua prospettiva reale.

Significa: Se hai la passione per qualcosa e puoi produrre o creare qualcosa con quella passione, troverai sicuramente persone che apprezzano ciò che produci. Tuttavia, altre persone hanno esigenze diverse. Questo significa che se vuoi dare, devi offrire valore aggiunto alle persone che vuoi raggiungere. Inizi qualcosa perché è la tua motivazione o la tua passione. Ma non appena inizi a vendere qualcosa, dovresti ascoltare le persone che ne beneficiano. Se producete manubri e trovate belle le targhette di peso nero, ma volete vendere i vostri manubri a livello internazionale e i vostri clienti preferiscono le targhe di peso blu, ha più senso per voi produrre targhe di peso blu. La motivazione e l'idea di base rimane la stessa, ma l'orientamento viene adattato.

In sintesi, questo significa che se vuoi offrire qualcosa, fallo perché lo ami. Tuttavia, la vostra offerta deve fornire un valore aggiunto per i vostri potenziali clienti. Niente valore aggiunto, niente affari. Ora è possibile costruire tutto il resto su questo costrutto.

Perché a tutti piace questo reddito passivo

Sono sicuro che ne hai sentito parlare anche tu. E probabilmente sei stato un po' più coinvolto anche in questo. Sembra essere il Santo Graal per raggiungere la prosperità. In parole povere, lo è! Non ho intenzione di parlarvi del perché è così importante, ma vi darò una breve panoramica dei punti più importanti in modo che se davvero non avete ancora sentito parlare così tanto (cosa quasi impossibile se avete trattato argomenti finanziari) possiate avere un'idea del perché è così grande e perché può davvero liberarvi un po'.

Un reddito passivo è un reddito ricorrente che si riceve senza scambiare il proprio tempo come equivalente diretto. Sul lavoro si scambiano il tempo e le attività con uno stipendio mensile. Con un reddito passivo, riceverai questo salario senza dover andare al lavoro tutti i giorni. Per me va bene. Ad esempio, un immobile vi fornisce un reddito passivo se ne possedete e ne affittate uno e quindi ricevete ogni mese il reddito da locazione dei residenti.

Per un reddito passivo di solito è sufficiente un oggetto, un oggetto, un oggetto, un prodotto o qualcosa che possiedi o hai creato, con il quale è possibile generare reddito ricorrente in seguito, senza dover fare molto per esso. Soprattutto nell'era dell'informazione odierna, Internet offre numerose possibilità di generare tali fonti passive di reddito. Perché qui è possibile offrire prodotti o servizi online e renderli disponibili in qualsiasi momento e ovunque.

Un ulteriore vantaggio di una fonte di reddito passiva è quando il prodotto è scalabile all'infinito, in modo da poterlo vendere all'infinito spesso e non è consumato o limitato a determinate risorse.
In teoria, solo un numero limitato di persone può vivere in una proprietà. Un video di coaching su "vendere meglio" come esempio può essere acquistato e scaricato all'infinito. Questo è il motivo per cui i programmi e la formazione online sono diventati così popolari. Combinano ancora più vantaggi, in modo che l'allievo possa accedervi da qualsiasi luogo con una connessione a Internet. Comfort e comodità sono fattori decisivi in questo caso. Tali prodotti online sono molto vantaggiosi sia per il venditore che per l'acquirente.

Quindi, il reddito passivo dipende dal fatto che sia scalabile o meno (cioè limitato in qualche modo - tranne che per il numero di persone su questo pianeta).

Ciò non significa che i ricavi passivi non scalabili non sono buoni. Significa semplicemente che i prodotti scalabili hanno un potenziale ancora maggiore. Puoi includerlo nelle tue considerazioni. Tuttavia, è importante affrontare la questione, perché queste fonti di reddito portano davvero denaro passivamente, cioè incidentalmente. Teoricamente, anche quando stai dormendo. Cosa potrebbe esserci di meglio?

E 'grande quando il prodotto passivamente fa soldi, è scalabile, e restituisce per un lungo periodo di tempo, in modo da poter considerare una particolare fonte di reddito come "sicuro". Così, mentre si sta generando passivamente reddito, è possibile utilizzare il tempo libero in modo significativo sia per espandere ulteriormente questa fonte di reddito o per iniziare una nuova attività, che può quindi generare nuovamente reddito passivo. Naturalmente è anche possibile utilizzare il tempo per il reddito attivo. Già questa combinazione vi porterà molto avanti. Quindi, se si è attualmente in un rapporto di lavoro, è possibile costruire qualcosa sul lato con cui è possibile guadagnare soldi passivamente. E' molto efficace.

Quali sono le fonti passive di reddito adeguate?

Le possibilità sono molteplici e quindi anche molto diverse, siano esse facili o difficili da costruire, possono essere create con molti o pochi investimenti, quali costi di gestione sorgono e così via. L'opzione migliore per voi è certamente quella di scoprire i vostri punti di forza, le vostre passioni e talenti in un coaching o in una conversazione personale in modo da poter sviluppare il prodotto ideale da loro. E vi assicuro, come già scritto sopra, che troverete qualcosa che piace anche ad altre persone. Se si sta assumendo questo coaching da soli, si dovrebbe utilizzare gli argomenti precedenti per considerare quali idee e possibilità ci sono per voi per generare reddito passivo.

Ecco alcuni esempi tipici di fonti passive di reddito e di quanti sforzi e investimenti comportano:

marketing di affiliazione

scrivere libri

corsi online

piani online

Coaching online

beni immobili

Questi sono solo termini generici per qualsiasi tipo di prodotti e servizi. Pensa a quale delle tue attività potrebbe essere adatto a quale super argomento.

Il denaro è il male

O avete già sentito questa dichiarazione in precedenza, vi siete confrontati con essa o avete un'opinione simile. Ci sono molti pregiudizi associati al denaro. Da un lato, perché si pensa che il denaro renda le persone avide, e dall'altro, perché rivela i tratti negativi del carattere di una persona. Che ne pensi, amico? Questi pregiudizi sono giustificati? E' cosi' e basta?

In aggiunta due domande, a proposito delle quali potete farvi volentieri direttamente e volentieri qualche pensiero: Quale persona ha fatto una tale dichiarazione, cioè l'ha confrontata con questa dichiarazione? Queste stesse persone hanno molti soldi per rivendicare questa affermazione sulla base delle proprie esperienze o hanno molti contatti con persone con molti soldi per fare questa dichiarazione con fiducia?

Ora è così: a tutti noi non piace la gente che diffonde molte falsità. Ci danno sempre una gamba nella vita e ci costano forza, tempo e credibilità, che vorremmo dare, ma poi cadono in un grande bacino vuoto. Un bacino pieno di bugie.

Molto spesso ci troviamo senza riserve quando si fanno affermazioni che non si basano su una solida esperienza personale e non sono sufficientemente studiate. Questo perché di solito c'è una mancanza di plausibilità. Se la guardiamo in questo modo, allora dobbiamo guardare a ciò che rende questa affermazione "il denaro è male" così diversa, perché ne siamo convinti o anche i nostri predicatori ne sono convinti. Di conseguenza, ciò significa che possiamo dare a questa dichiarazione una credibilità reale se qui prevalgono gli stessi fattori di qualsiasi altra dichiarazione priva di senso? Probabilmente non.....

Si tratta di un'affermazione estremamente provocatoria, non basata né sull'esperienza (personale o di confidenti) né su informazioni concrete. Il denaro di per sé non è né buono né cattivo. Il denaro è completamente neutrale. Il denaro dà solo l'opportunità di utilizzare prodotti o servizi per i quali offriamo denaro in cambio. Quindi il denaro stesso è completamente neutrale. Sono le persone che stanno dietro di essa a far girare la palla e decidere come i soldi dovrebbero funzionare.

Con il denaro si possono soddisfare grandi bisogni, si può fare molto bene e si può donare molta salvezza. Ma il denaro può anche essere usato per fare un sacco di malizia sfruttando il potere che è associato al denaro nella nostra società. Quindi ci sono due domande principali: chi ha i soldi e cosa ne è stato fatto?

Sono convinto che i soldi non cambiano carattere. Sono convinto che i soldi non ti rendano una persona migliore o peggiore. Sono convinto, tuttavia, che il denaro enfatizza i tratti del tuo carattere, che dormono in te fin dall'inizio, e sono ora rafforzati da questo "presunto" potere. Se sei una persona disponibile e benevola, i soldi ti aiuteranno a fare cose più grandi, migliori e più utili. Hai l'opportunità di fare molto di più, così puoi fare a meno dei soldi. Avete più risorse a vostra disposizione, poiché ora potete girare le leve molto più grandi. I soldi sono buoni, i soldi sono aiuto!

Il denaro è visto anche come strumento di potere nella nostra società. Questo conferisce ai ricchi uno status che permette loro di fare di più di altre persone che non hanno così tanti soldi. Poiché siamo tutti dipendenti dal denaro nella nostra vita (più o meno), naturalmente dipendiamo anche dalle persone che hanno soldi. Questo può rapidamente farci sentire a disagio in questa situazione e sentirci impotenti, dovendoci subordinare e dover lavorare per soldi per ottenere i soldi per garantire la nostra esistenza. In definitiva, lo associamo alla malizia che attribuiamo al denaro. La posizione che prendiamo attraverso la nostra dipendenza dal denaro dà al denaro questo status è malvagio.

Quindi ha senso considerare il denaro come positivo o negativo? Decidete sempre voi stessi quanta importanza date al denaro, quanto dipendete da esso o dalle persone che possiedono il denaro. Decidete anche quali sono i soldi che vi danno delle opportunità. I soldi non decidono mai il tuo personaggio. Il tuo personaggio decide cosa fare con i soldi. I soldi ti danno solo delle opportunità. Niente di più, ma niente di meno.

Imparare a gestire il denaro

Un semplice esempio: le persone che fanno soldi molto rapidamente (atleti di punta, vincitori della lotteria, ecc.) spesso perdono i loro soldi molto rapidamente. Conosciamo tutti gli esempi negativi delle notizie, in cui gli atleti vengono elogiati come insolventi e hanno sperperato la loro intera fortuna. O i vincitori della lotteria che hanno perso tutte le loro vincite dopo 3 anni e sono ora peggio di prima. E perche'?

Perché non hanno imparato a gestire i soldi. Perché non hanno imparato come funziona il denaro e come funziona il denaro o come lavorare con il denaro. Le persone che lo sanno, tra qualche milione in pochi anni si trasformeranno in milioni, se non addirittura miliardi. Le persone che non lo sanno e non l'hanno imparato hanno perso tutto dopo pochi anni e possono effettivamente trovarsi in condizioni peggiori di prima della grande vittoria.

Cosa fare con i soldi risparmiati?

Hai una promessa da farmi fare, per favore: Non importa quanti soldi risparmiate o forse già risparmiati: Si prega di non lasciare mai questo denaro sul proprio conto corrente o di investirlo da nessuna parte per l'uno per cento di interesse all'anno. Anche se pensi: "Meglio di niente ed è sicuro lì". Poi, purtroppo, purtroppo, si vive ancora dietro la luna.

Queste sono parole dure, ma vi prego di lasciarmi spiegare brevemente perché è così e perché penso (questa è la mia opinione). Dovresti occupartene e poi prendere una decisione logica. Non voglio patrocinare nessuno qui o negare qualsiasi cosa) che i vostri soldi sono incredibilmente male conservati lì.

L'1% di interessi è un male. Perché se ipotizziamo un tasso medio di inflazione del 3% all'anno, questo significa niente di più che il vostro denaro vale il 3% in meno di anno in anno. Il tutto non è così banale come appare qui, e ha la sua rilevanza economica, ma ciò significa che è efficace per voi. Quindi, se hai risparmiato 10.000 euro, se lo investe solo l'1%, è cresciuto fino a raggiungere lo sbalorditivo valore di 10.100 euro. Ora arriva l'inflazione e fa sì che i vostri soldi valgano meno. Le cose stanno diventando sempre più costose, quindi servono più soldi per fare lo stesso. Questa è l'inflazione in termini casuali. Un'inflazione del tre per cento significa che il vostro denaro di 10 100 euro vale solo il tre per cento in meno, cioè 303 euro in meno. Così, alla fine dell'anno, dei 10.000 euro che vi rimangono, di fatto, solo 9.797 euro dei vostri 10.000 euro. Così avete effettivamente, anche dopo il vostro ritorno dell'uno per cento, fatto 203 euro di perdita. Anche se l'hai messo e doveva essere di più. L'inflazione gioca sempre un ruolo importante. Certo, colpisce sempre ovunque, ma dovrebbe significare per voi che investite il vostro denaro dove ottenete almeno il tre per cento. Tutto questo è davvero efficace per il vostro capitale, in modo che possiate fare progressi.

Come gestisci i soldi in modo sensato?

Investire invece di consumare

Investite il vostro denaro in cose che vi daranno un rendimento regolare e vi genereranno un reddito passivo. Questo può togliervi il divertimento all'inizio, ma vi porterà molto più divertimento nel lungo periodo. Se hai 500.000 euro a tua disposizione, puoi comprare una bella casa e una grande macchina in alcune parti della Germania. Oppure andare in vacanza, ordinare costose attrezzature tecniche o altrimenti consumarle. Nessuna di queste cose vi fornirà effettivamente un flusso di cassa positivo, cioè risorse finanziarie liquide, ogni mese. Mangiano nel peggiore dei casi ancora mensilmente ulteriore denaro (qui alludo alla fallacia di un investimento con un immobile occupato da soli). E' vero che il valore della vostra casa e della vostra auto può aumentare nel corso degli anni. Ma prima dovrete continuare a investire capitali in questo settore (manutenzione, imposte, tasse, ecc.) e poi rivenderlo dopo un certo periodo di tempo. Potreste essere in grado di aumentare un po' il valore dei vostri oggetti venduti, ma questo aumento probabilmente non è certo perché sono sempre fortemente influenzati dalla politica e dall'economia (considerate il circolo del valore dei metalli preziosi, la regolamentazione dei prezzi degli immobili e il cancello diesel per le auto, gli standard di emissione, ecc. Inoltre, l'utile derivante dall'incremento di valore nel corso degli anni è proporzionale agli ulteriori costi di manutenzione. Se compri una casa per 200.000 euro e la vendi in 10 anni per 250.000 euro, dopo 10 anni hai realizzato un profitto di 50.000 euro. A me sembra ragionevole. Ma non è possibile ottenere quei 50.000 euro fino a quando non si è veramente venduto la casa (e questo processo può essere molto snervante, lungo e costoso) e non vi dà alcun reddito mensile e regolare. Inoltre, sono in relazione a quanto si è dovuto investire nei 10 anni di capitale per la manutenzione, riparazione, ecc. Se la facciata si sgretola, se i tubi scoppiano, se lo scaldabagno brucia o se il tubo è bloccato, è necessario pagare. Inoltre, si pagano le tasse e altre spese ricorrenti come i costi dei rifiuti, i costi dell'acqua, ecc. Il tutto può accumularsi. E questi costi sono compensati da un utile di 50.000 euro in 10 anni. Quindi sei in vantaggio se spendi meno di 5.000 euro all'anno per manutenzione, tasse o altre spese. Se sei al di sopra di esso, stai perdendo soldi sulla tua proprietà.

Naturalmente questo non è così facile come descritto qui, perché si risparmia l'affitto perché si vive in casa propria, si possono risparmiare le tasse se necessario e l'aumento di valore può essere maggiore. Vedete, tuttavia, che si dovrebbe almeno considerare l'intero relativamente e il valore dell'investimento non è uguale al valore dell'investimento. Alla fine, dipende sempre da ciò che resta alla fine.

Un investimento solido può non permettere di avere un'auto supersportiva all'inizio, ma più tardi e più a lungo. Perché se lasciate che il vostro denaro lavori per voi, produrrà mensilmente, o meglio ha detto regolarmente denaro che potete continuare ad investire o addirittura utilizzare per i vostri desideri.

Visto in 10 anni si può sicuramente fare a partire da 200 00 euro di rendimento e impianto intelligente di gran lunga più di 400 00 euro. Significa per voi che oltre alle numerose possibilità c'è anche 200 00 Euro in più, che ora potete investire per un'auto o una casa. Vedi come funzionano i soldi?

Così sarete anche in grado di regalarvi tutto quello che volete regalarvi. Solo non solo oggi, e poi solo fino alla prossima settimana, ma solo il mese prossimo, e per un tempo infinitamente lungo, perché in primo luogo si ottiene il capitale, in secondo luogo si può anche aumentare e in terzo luogo è possibile realizzare i vostri sogni. E, anche oltre, investire di più.

Cosa puoi fare con i tuoi soldi?

Hai diverse scelte qui. Da un lato, è possibile utilizzare il capitale risparmiato e guadagnato per investire nelle cose che supportano voi, la vostra idea o il vostro potenziale business (o business online). Questo include, ad esempio, il marketing online o fornitori di servizi esterni che possono occuparsene per voi, in modo che possiate girare altre viti. Se si desidera inviare e-mail autogenerate professionalmente, utilizzare una soluzione di trasmissione online, coinvolgere un partner di distribuzione o simili, di solito si può raggiungere questo obiettivo con poco investimento di capitale e generare un valore aggiunto significativo per la vostra azienda. Qui è possibile ottenere da poche centinaia di euro un valore aggiunto di diverse migliaia di euro. Anche la pubblicità su Facebook o su Instagram costa un po', ma è uno dei metodi pubblicitari di maggior successo. E gli investimenti che mettete in esso saranno restituiti a voi abbastanza rapidamente attirando i potenziali clienti ad acquistare il vostro prodotto attraverso la vostra pubblicità. A seconda del fatturato generato, sarete già in grado di recuperare i costi pubblicitari dopo pochi giorni, settimane o mesi. Naturalmente, è anche decisivo quale prodotto o servizio offrite, quanto alto è il prezzo, quale valore aggiunto fornite, come penetrate il mercato e molto altro ancora.

Strumenti di marketing significativi sono ancora i distributori di posta elettronica, e naturalmente tutti gli strumenti consentiti come newsletter, concorsi a premi, consigli gratuiti e offerte di coaching, promozioni e così via sono ad essi associati. La varietà di possibilità è molto ampia! Siate creativi! E' una boccata d'aria fresca! E soprattutto: Fate l'autocontrollo: se riceveste questo messaggio (in qualsiasi forma), andreste in esso? O solo perche' tu stesso sei lo scrittore?

Inoltre, dovreste avere queste email generate automaticamente in modo da non dovervi preoccupare di scrivere migliaia di email ogni giorno. Naturalmente, è possibile inviare e-mail solo se si dispone anche di indirizzi e-mail a cui i messaggi devono essere inviati. Ciò significa che avete bisogno prima del consenso dei vostri potenziali clienti e poi anche del loro indirizzo e-mail. Questi sono i cosiddetti indizi. Perche' portano al contatto con questa persona. È possibile generare contatti in molti modi. Per prima cosa, pubblicando sulla tua homepage (dovresti sicuramente avere una homepage se stai iniziando un'attività commerciale). Di solito le persone al giorno d'oggi prima controllano se sei presente anche online. In caso contrario, l'interesse e la fiducia diminuiscono drasticamente). Sul tuo sito web puoi distribuire gratuitamente consigli o dare un coaching gratuito, prodotto o simili, se la persona si registra nell'area richiesta. In questo modo le verranno forniti i dati che potrà utilizzare con il consenso della persona registrata.

Un altro modo per generare contatti è quello di iscriversi alla nostra newsletter in modo che la gente sappia che tipo di progetti avete attualmente. Il contenuto della tua newsletter può essere offerte gratuite, video, podcast o altro ancora. Una mancia anche qui: Scrivi alcune pagine sull'argomento, fornisci valore aggiunto e presenta il tuo prodotto. Il tutto sotto forma di brochure o eBook, offrendo gratuitamente (online come file pdf o offline come versione cartacea). Per ordinare questo prodotto, il cliente deve solo inserire il proprio indirizzo e-mail e nella versione offline paga solo per la spedizione. Questi sono metodi efficaci per convincere le persone del vostro valore aggiunto, generare contatti e mantenere i costi gestibili.

Inoltre, non si dovrebbe essere schizzinosi nell'inserire pubblicità online. Soprattutto sui social media questi annunci valgono molto, anche se si pensa che nessuno ci clicchi sopra. Credetemi, ci sono un sacco di persone che lo fanno, consapevolmente o accidentalmente, ma si schierano dalla vostra parte e dalla vostra offerta. Ed è meglio per una persona su 1000 comprarla che non comprarla affatto, vero? Più alto è il tasso di conversione da visitatore del sito ad acquirente (chiamato anche conversione), più alto è il vostro fatturato. Tentativi di fare marketing online, ma con costi gestibili. E le spese verranno sicuramente ripagate. Il tuo sito web dovrebbe essere progettato per essere attraente. Dovrebbe essere ovvio a prima vista che tipo di prodotto o servizio che offrite, e, dovrebbe servire tutti i sensi stimolati dalla visione del vostro sito. Non spaventare con troppo testo, ma avvia un video che attira l'attenzione direttamente attraverso un discorso provocatorio o una promessa, ma sicuramente attraverso un colpo d'occhio e di orecchie.

Non sono certo un esperto di marketing online. Tuttavia, ci sono alcuni semplici pensieri e cose di base che si possono considerare fin dall'inizio senza avere molte conoscenze sull'argomento. Ad un livello avanzato il tutto dovrebbe essere più professionale. Pertanto, vorrei solo consigliarvi che, se decidete cosa consiglierei in questo caso, dovreste leggere la letteratura specialistica pertinente o consultare esperti. Puoi trovare facilmente esperti in questo campo: chiedi a poche grandi persone già conosciute sui social media circa i loro interlocutori. Qualcuno ti darà i contatti. E se conoscete questa persona e nel migliore dei casi siete convinti del loro aspetto, allora il reparto marketing sembra aver fatto qualcosa di giusto. Ma troverete anche abbastanza buoni contatti su Internet. Basta prestare attenzione alle recensioni positive o fare le proprie esperienze. Non devi trovare il partner commerciale della tua vita. Se non hai successo con lui/lei, prova il prossimo. Nel frattempo ci sono molti marketer online.

Più grande e migliore è il tuo business, più ha senso rendere più professionale e più esperti a bordo. Per cominciare, tuttavia, si può anche fare la maggior parte del lavoro da soli. Tutto cio' che devi fare e' prenderti il tempo necessario per essere coinvolto. E io preferisco fare qualcosa piuttosto che non fare niente. Contrariamente a molte opinioni sono convinto che la tua prima apparizione non deve essere eccezionale, devi solo essere presente e poi migliorarti costantemente. Questo vi rende anche simpatico e tangibile e vi aiuta a costruire qualcosa passo dopo passo e quindi anche a creare più fiducia e trasparenza per i vostri clienti in futuro.

L'importante è far rotolare la palla, attirare l'attenzione e generare entrate. Questa è la prima e più importante. Quando si tratta di questo, allora, ovviamente, dovresti andare oltre. Questo libro non intende affrontare questo problema in dettaglio. Ma possiamo piuttosto parlare personalmente per consigli professionali e di vasta portata o lasciarci consigliare. In ogni caso, questo è il livello successivo in cui è necessario esaminare i dettagli.

Investire denaro in attività a rischio

Naturalmente, all'inizio questa affermazione suona molto opaca. Ma non intendo nient'altro che investire i vostri soldi in aziende, azioni, opzioni o obbligazioni.

Perché vi consiglio questo? Perche' se lo fai a testa alta, e' un rifugio sicuro per il tuo capitale. Anche se sono attività rischiose. Si tratta di beni di investimento, per quanto possibile sicuri.

La regola empirica è "un rischio maggiore equivale a un profitto maggiore". E' sempre cosi', non solo nella finanza. Se si considera qualcosa di rischioso, si sperimenterà sempre una componente psicologica oltre a quella razionale. Quando si assume un rischio elevato, la ricerca del successo è incredibilmente alta. Siete disposti a rischiare qualcosa, ma solo perché il rendimento è di molte volte superiore a quello che potrebbe dare un risultato abituale o superare di molte volte il vostro investimento. Altrimenti, non vorresti correre alcun rischio. Sarebbe stupido. Quindi la vostra fame di potenza massima è corrispondentemente alta. Ciò significa che lei desidera un risultato positivo e spera che il risultato sia di conseguenza esuberante. Tuttavia, il rischio comporta ovviamente anche pericoli, di cui siete idealmente consapevoli. Per questo motivo, probabilmente darete più importanza al risultato di un processo di rischio che al risultato di un processo di routine senza rischi rilevanti.

Torniamo all'argomento finanze. Questa affermazione vale anche in questo caso: quanto più rischioso è il vostro investimento, tanto più redditizio può essere. Naturalmente solo perché c'è sempre il rischio di perdere il capitale. Tuttavia, questo rischio e pericolo è ancora sano se investite il vostro capitale con saggezza. Il vostro denaro è legato alle prestazioni di terzi. Da un lato, questo porta alla dipendenza e quindi ad una relativa perdita di controllo, ma offre anche delle opportunità. Perché avete la possibilità di gestire o diversificare il vostro capitale e quindi di ripartire il rischio. In questo modo è possibile limitare il rischio e ottenere le proprie possibilità. E questo processo di investimento non è più rischioso di altri. Perché anche i soldi che hai in tasca, i soldi sul tuo conto, tutto ciò che è rischioso. Rischi di cui non siamo a conoscenza, che esistono ancora e che possono privarvi di tutti i vostri beni.

Per questo motivo, la parola "rischio" va sempre considerata relativa e mai assoluta. Perché c'è sempre un rapporto costi/benefici da valutare. Quali sono i costi massimi che posso sostenere e quali sarebbero i benefici massimi che potrei ottenere? Nel trading, questo è concretamente indicato come il rapporto rischio/rendimento. Che possibilità ho e che rischio devo correre? Più alta è la possibilità, più si è disposti a rischiare. Se questo non è il caso, dovresti prima di tutto ripensare a quale cavallo stai scommettendo e quali rischi potenziali ci potrebbero essere, di cui forse non sai nulla o di cui non sei a conoscenza. Questo rapporto rischio-ricompensazione è onnipresente nella nostra vita, non solo nel vostro investimento!

Ma lo stesso vale anche per i vostri investimenti. È possibile investire in società o azioni che operano con successo da anni e che, a causa della situazione economica e gestionale, probabilmente continueranno a fare molto bene anche nei prossimi anni. Si tratta di investimenti a basso rischio se si sceglie di investire in società sotto forma di azioni. Tuttavia, in linea di massima non vi forniscono un aumento di valore sovradimensionato. Meno rischi, meno possibilità. Le eccezioni confermano la regola. Quanto più volatile è qualcosa, cioè tanto meno chiaro è il futuro di un'azienda, tanto maggiore è il rischio associato, ma naturalmente anche il profitto potenziale.

Che altro puoi fare con i tuoi risparmi?

ETF, Exchange Traded Funds sono sempre investimenti consigliati. Un ETF è un fondo indicizzato negoziato in borsa che segue la performance di un'attività sottostante. Quindi non significa nient'altro che investire in un fondo che ha un valore simile a quello del sottostante a cui l'investimento si riferisce. Un ETF sul DAX effettua quindi movimenti simili a quelli del DAX. Se il DAX si muove 100 punti in più, allora l'ETF si muove 100 punti in più e viceversa.

Un ETF offre opportunità simili a quelle di un fondo, ma può anche essere negoziato come le azioni. Esso combina quindi più o meno entrambe le cose.
Il vantaggio degli ETF è che tracciano il movimento di un'attività sottostante, ma sono molto più economici. Questo vi permette di investire in modo più economico in indici di grandi dimensioni che se investite direttamente nell'indice. È inoltre possibile investire in molte altre classi di attività attraverso l'ETF.

Gli ETF possono essere acquistati a partire da un piccolo piano di risparmio mensile. Gli attuali investimenti a basso costo offrono un investimento mensile a partire da 25 euro. Significa che si investe effettivamente 300 euro all'anno. Naturalmente è possibile ingrandire il tutto come si desidera.

Ha senso investire in ETF se si è convinti che un indice come il DAX, composto dalle 30 maggiori società tedesche quotate in borsa, continuerà a crescere. La probabilità è molto alta, perché è aumentata enormemente negli ultimi anni. Naturalmente, qua e là ci sono back-set più grandi, che non sono drammatici, ma piuttosto sani per il mercato, in modo che non si surriscaldi (come le valute cripto per esempio). Tutto ciò che sale deve cadere di nuovo. E' cosi' che sara' per te. Continuerete a crescere e a progredire, a un certo punto farete anche una battuta d'arresto, da cui uscirete ancora più forti. E' quello che fa il mercato azionario.
In tempi di mercati fortemente interconnessi e globalizzati, è quasi certo che ci sarà una borsa valori e che alcuni prodotti e servizi saranno controllati e scambiati attraverso di essa. Siamo ancora in una tendenza al rialzo intatta, poiché le grandi potenze economiche stanno andando molto bene, anche se i disordini politici o economici di tanto in tanto provocano il panico. Ci sono anche persone al lavoro accanto a tutte le macchine. E le persone spesso si fanno prendere dal panico più velocemente di quanto non facciano in euforia.

Così gli ETF sono sempre visti come banche abbastanza sicure, che certamente non vi permetteranno di diventare milionari in pochi anni, ma manterranno o aumenteranno il vostro capitale con un buon rendimento annuale. Se siete più interessati, potete sicuramente scegliere alcuni articoli da Internet. Se avete domande specifiche o se avete bisogno di opinioni o esperienze, vi offro sempre le mie informazioni.

È importante che affronti gli investimenti prima di entrarvi. Perché niente è peggio dell'ignoranza sui mercati. Tutto quello che puoi fare è perdere soldi. E se si dovrebbe guadagnare qualcosa, allora di solito non si sa come affrontarla con saggezza. Quindi, almeno una piccola analisi o l'acquisizione di conoscenze di base ha un senso straordinario. Naturalmente, non c'è bisogno di diventare un analista e trascorrere mesi ad occuparsi di questi argomenti se non siete particolarmente interessati. In questo modo è sempre possibile ottenere l'aiuto di esperti. L'unico problema di questa storia è ancora una volta che vogliono guadagnare soldi, così li paghi prima di ottenere qualsiasi beneficio, per non parlare di vedere i risultati. Una miscela sana è certamente molto buona qui. Di norma, tuttavia, è possibile iniziare a investire piccole somme di denaro e approfondire le proprie conoscenze nel tempo per poter effettuare investimenti di più ampia portata. Perché, grazie all'effetto degli interessi composti e ai rendimenti, è possibile generare rapidamente una quantità significativa di capitale attraverso investimenti saggi e abili.

metalli preziosi

I metalli preziosi offrono un investimento estremamente duraturo, per cui anche i prezzi dell'oro, dell'argento e del platino sono soggetti a notevoli fluttuazioni. In generale, i metalli preziosi sono naturalmente meno influenzati dalle decisioni politiche o economiche. Questo li rende particolarmente interessanti in tempi di crisi o in mercati turbolenti. Naturalmente, i prezzi sono regolati anche dall'offerta e dalla domanda. Ciò significa anche che un eccesso di offerta di oro attraverso la prospezione su larga scala e altri incidenti può esercitare una pressione estrema sul prezzo. Tuttavia, ci sono momenti in cui i metalli preziosi sono molto richiesti.

Gli investimenti in metalli preziosi proteggono abbastanza bene il vostro capitale dall'inflazione valutaria. Ma c'è sempre bisogno di un luogo appropriato e di casseforti per l'acquisto e la custodia di metalli preziosi. E' interessante che tu lo sappia: Tutti i prodotti Gold sono esenti dall'imposta sulle vendite in Germania. Gli utili speculativi con un periodo di partecipazione di almeno un anno sono anch'essi esenti da imposte. Se siete interessati a investire in metalli preziosi, dovreste sicuramente essere un po 'nelle notizie e scoprire brevemente se i prezzi sono attualmente ad un livello alto o inferiore. Questo vi aiuterà a cronometrare meglio e in modo più intelligente l'inizio.

Fatti un piano annuale.

Rispondi alle seguenti domande e crea un piano annuale!

Quanto denaro risparmiate in un anno se mettete da parte i vostri soldi ogni mese?

Calcolo: Totale realizzabile (meno il 30% delle spese non sensate) x 12 = Risultato

Di quanti soldi hai bisogno per tutti i tuoi sogni e obiettivi?

Quale frazione del valore è l'importo annuo risparmiato?

Calcolo: somma dei costi dei sogni divisa per la somma risparmiata annualmente.

In seguito, puoi decidere come vuoi investire il tuo denaro. Sono lieto di sostenervi e consigliarvi a questo proposito, ma vi aiuterò solo se ci avete già riflettuto a fondo.

Cosa ti aspetti di tornare in un anno?

In cosa vuoi investire?

Ulteriori domande per la vostra consapevolezza degli investimenti:

Perché vuoi investire in esso?

Per quanto tempo hai intenzione di investire in questo?

Quanto denaro si può investire ogni mese?

In che misura investo in attività a rischio e quali a tasso fisso?

Se si raggiunge un'aspettativa di rendimento realistica (8-12% all'anno sono abbastanza fattibili), quanto si sarebbe in grado di risparmiare annualmente in denaro aggiuntivo?

Quale eccedenza si può ottenere attraverso la vostra aspettativa di rendimento annuale rispetto al semplice "risparmio"?

Calcolo: capitale dopo l'investimento annuale - capitale dopo puro risparmio annuale = risultato

Che aspetto ha il risultato dopo dieci anni? Investe vs. risparmio puro

Nota: Calcola l'effetto dell'interesse composto del tuo reso (utilizza una calcolatrice su Internet per aiutarti).

Calcolo: capitale dopo l'investimento (10 anni) - capitale dopo il puro risparmio (10 anni) = risultato

Qui potete vedere cosa porta ogni anno sul vostro conto un investimento significativo. Per il momento possiamo ignorare le imposte, che si ammortizzano con aspettative di rendimento potenzialmente migliori.

Cosa ti piace fare?

In cosa sei molto bravo?

In cosa vuoi essere bravo?

Come puoi farci dei soldi?

Quali passi sono necessari per fare soldi con esso?

Quali condizioni devono essere soddisfatte per poter fare soldi?

Che possibilita' hai di fare piu' soldi domani?

Quali opportunità hai per guadagnare di più sul tuo lavoro?

Come si possono sfruttare queste opportunità?

Cosa vuoi cambiare oggi?

Cosa sarà diverso la prossima settimana?

Cosa sara' diverso in un anno?

Cosa ci sarà di diverso tra dieci anni?

Calcolo: Cosa devi cambiare oggi perché questo accada?

Ora continua a farlo! Vai avanti e posa la prima pietra!

Cosa sto cercando di dirti? A cosa serve l'hocus-pocus?

Concretamente, vorrei consigliarvi in questa sede di occuparvi fondamentalmente degli investimenti e degli investimenti di capitale. E' un punto inevitabile se vuoi che il capitale lavori per te. La forma di investimento può essere molto diversa. Uno di loro sono azioni. Le azioni sono un ottimo modo per investire il vostro capitale. E qui si può iniziare anche con le somme più piccole. E vi esorto vivamente a fare lo stesso. Anche 50 euro in azioni sono migliori di 0 euro in azioni. Anche in questo caso si riflette l'effetto degli interessi composti spesso citato. Si ottiene un interesse sui propri interessi, si ottiene un ritorno sul proprio ritorno. Se si estrapola questo a pochi anni, allora si possono anche fare diverse centinaia o addirittura migliaia di euro su 50 euro. Più rischio significa potenzialmente più soldi in meno tempo. Il capitale che avete a vostra disposizione dovrebbe quindi essere ben congegnato e distribuito. Scegliere una posizione più piccola per gli investimenti più rischiosi, come le imprese più piccole, i settori in forte espansione, le start-up. Esempi attuali sono le scorte di biotecnologia, le scorte di produzione (litio, esploratori o produttori di cobalto), i produttori di auto elettriche, le scorte di cannabis, le scorte di biocarburanti e così via. Pensate a ciò che potrebbe essere importante in futuro, come e dove la nostra società e l'umanità si stanno sviluppando, e quale potrebbe essere il tema di domani. Le case automobilistiche hanno solo un problema quando i motori a benzina e diesel sono le loro principali tecnologie motoristiche: Le auto elettriche o a idrogeno sono attualmente in fase avanzata. La cannabis, ancora in discussione qualche mese fa, sta attirando sempre più l'attenzione farmaceutica e sociale: queste scorte stanno esplodendo e raddoppiando in brevissimo tempo. I produttori di schede grafiche sono molto richiesti, perché l'industria del gioco non è più una piccola e oscura nicchia per i nerd della porta accanto, ma eSports è in anticipo. Le emittenti televisive private si trovano in difficoltà economiche, in quanto la gente guarda sempre meno la TV, ma ricorre sempre più spesso al video on demand. Questo era già stato annunciato ieri ed è vissuto oggi. Cosa succede domani?

Ci saranno presto fotocamere digitali per fotografi amatoriali? O sono stati spostati da fotocamere professionali e telefoni cellulari? Ci sarà ancora un collegamento telefonico analogico? Saremo ancora in grado di scrivere usando la tastiera in futuro o forse ologrammi, forse anche solo controllo vocale? Ci sarà ancora plastica in futuro o un'altra soluzione biodegradabile penetrerà il mercato? Abbiamo ancora bisogno di aerei tra vent'anni?

Alcune domande possono sembrare astratte, perché mettono in discussione cose che sono ancora oggi per noi tutti i giorni. Ma hai idea di come sarà la vita quotidiana di domani? Se si riconosce una tendenza, si nota presto quali interessi, si muove o ispira le persone, è possibile trasformarla in denaro contante. Ma come si riconoscono queste nuove tendenze? Mantenendo gli occhi aperti e non chiudendosi alle innovazioni, comunicando e interagendo con le persone. Questo si traduce in opportunità e prospettive completamente nuove per voi, ma che vi offrono enormi opportunità.

Se siete alla ricerca di argomenti interessanti che possono giocare un ruolo importante in futuro, siate attenti a ciò che sta accadendo intorno a voi. Approfondire la questione e mettere in discussione alcune cose, approfondire i dettagli! Quando sono arrivate sul mercato le auto elettriche, chi ne ha tratto vantaggio? Naturalmente, i produttori che li hanno prodotti. Ma anche i produttori di litio, dal momento che le tecnologie delle batterie si basano su questa materia prima, tra le altre cose. Quando il Bitcoin è cresciuto, chi ne ha tratto profitto? Produttori di GPU, produttori di schede grafiche con cui è possibile generare efficacemente queste monete, vale a dire le miniere. Guardate gli sfondi, preoccupatevi di chi altro beneficia attraverso la porta sul retro. Si tratta per lo più di piccole aziende o giocatori che finora non sono stati sullo schermo. Ma queste sono le aziende che prima erano rischiose in termini di investimenti, poiché erano utilizzate solo da pochi datori di lavoro e un futuro per queste aziende non era chiaro. Ora che la domanda è così elevata, c'è un grande potenziale.

Se il fumo è vietato ovunque e sempre più spesso, che dire dei produttori di e-sigarette? Di cosa hanno bisogno per i componenti, chi li fornisce, chi di loro è un profittatore e chi è il perdente? Come ovunque nella vita, la decisione di investimento deve anche essere aperta alle opportunità e concentrarsi sul potenziale che ne deriva. E' tutto quello che fai nel tuo lavoro, nella tua relazione, nella tua vita. Stai guardando a cosa puo' avere senso per te, cosa puo' portarti avanti. E i vostri investimenti non dovrebbero essere diversi.

Tutte le tue decisioni sono rischiose. Più grande o più piccolo. Ma anche se avete risparmiato denaro e volete investirlo con saggezza, ci sono rischi sempre più piccoli e più grandi associati ad esso. Entrambe le cose vanno bene e tu puoi beneficiarne entrambi. Una volta massimo, una volta minimo. Più rischio significa più rischio, ma di norma anche più profitto in caso di profitto. Diffondere il rischio e investire 50 euro che hai, 20 euro in investimenti più rischiosi che possono esplodere, ma sono anche sopportabili se non funzionano. E investire i restanti 30 euro in investimenti a basso rischio. Hanno maggiori probabilità di darvi un profitto minore, ma è più sicuro. La parola chiave è diversificazione o diversificazione del rischio.

Non voglio darvi chiare raccomandazioni di investimento perché non so a che ora state leggendo questo libro. E poiché tutto il mondo sta vivendo un processo di cambiamento, è possibile che i suggerimenti di oggi non saranno più così aggiornati la prossima settimana. Se siete interessati a raccomandazioni concrete di investimento, allora dovremmo parlare di persona. È possibile trovare investimenti molto utili in qualsiasi momento. Devi solo pensare piu' a fondo e affrontare la questione. E poi, in quel caso....

trovare sempre qualcosa che ha un grande potenziale in termini di valore. Pensate a quale può essere la tendenza di domani e decidete oggi di farne parte. Quindi non puoi fare le scelte sbagliate. Fai le scelte giuste e fai le scelte giuste. Di sicuro non stai perdendo un'occasione.

E ora che cosa?

Che senso ha tutto questo?

In parole povere, probabilmente volete, per natura, stare bene invece che male. Ciò significa che in qualche modo si vuole essere più soddisfatti che insoddisfatti. Quindi preferisci essere felice piuttosto che infelice. Naturalmente, ci sono anche persone che sono felici quando provano dolore. Ma probabilmente sono meno persone della maggioranza.

Quindi, per questi motivi, state cercando un modo per migliorare piuttosto che peggiorare. Se ora avete programmato il vostro subconscio per cercare opportunità e, basandosi su questo, decidete inconsciamente per le cose che vi avanzano, allora vi condizionate per essere in grado di soddisfare pienamente il vostro bisogno di felicità con queste decisioni e i risultati che ne derivano, in modo che ogni volta che avete preso una decisione produttiva per voi stessi, ricevete una sorta di ricompensa. Questa ricompensa è uno stato assoluto di felicità in cui ti trovi. Ed è esattamente quando queste cose si condizioneranno e si attireranno a vicenda: Decidi inconsciamente cosa ti muove in avanti, e poi alla fine ne sei innescato positivamente, in modo che tu sia dipendente dal replicare questi eventi positivi perché ti rende felice. Così cercherete e troverete decisioni ancora migliori e più felici nella conclusione inversa, che vi farà sempre progredire. Il fatto che attualmente vi sentite a disagio nella vostra situazione e potete anche associare il dolore ad essa vi spinge ancora di più a cercare opportunità e possibilità. E questa interazione si moltiplicherà finché non sarai dove vuoi essere.

E quando sarai dove vuoi essere? Se vivi la vita che hai visualizzato e scritto molto concretamente e se riesci a fare un piccolo segno di spunta verde dietro ogni obiettivo VERO, allora sei arrivato. Poi, sì, allora ce l'hai fatta, allora vivrai la vita che hai sempre sognato. E poi hai fatto tutto da sola. E a quel punto, niente puo' piu' scuoterti. Perché da quel momento in poi sarete in grado di farlo più e più e più volte! Perché sai come funziona! Toglietegli i suoi milioni da un milionario, e poco tempo dopo tornerà ad essere milionario. Che ti succede? Perché sa come funziona! E perché avrà sempre successo quando sarà pronto e farà tutti questi sforzi? Perché sai come funziona. E non importa cosa, ora sai come farlo ancora e ancora e ancora.

Non importa dove ti trovi, non importa cosa hai passato e non importa dove vuoi andare. La tua storia è la tua esperienza. Hai già imparato molto. Ora dipende da ciò che avete imparato da esso e da come continuate ora. Nessuno ha le condizioni perfette, nessuno sa tutto e nessuno ottiene nulla gratuitamente. E se lo fanno, allora solo da coloro che sono stati diligenti e hanno combattuto perché potessero dare qualcosa agli altri.

Nessun uomo è soggetto a un destino che determina ogni secondo della sua vita. Non voglio dire niente alle persone piu' restrittive qui. Ma soprattutto sono quelli che ci insegnano a non arrenderci mai. Puoi vincere se combatti. Ma hai già perso se non combatti.

La cosa più importante è: restate voi stessi e perseguite i vostri obiettivi. Sii onesto con te stesso e combatti per ciò che ti guida davvero. Sii fedele alle persone che ti accompagnano nel tuo viaggio. Di' addio alle persone che ti portano solo fallimenti e ti trascinano giù. Questa vita è bellissima. Questo mondo è bellissimo. Dipende solo da cosa ne pensate. Dopo il capitolo in cui vorrei darvi alcune informazioni su di me, ho un messaggio molto personale per voi!

Su di me personalmente

Chi sono e perché voglio dirti una cosa.

Chi sono io per darti consigli e consigli qui? Cosa mi da' il diritto di fare un affare cosi' importante qui fuori e pensare di avere un indizio?

Posso rispondere a tutto questo molto velocemente: Poiché ho vissuto da sola tutta questa merda, non posso essere pagata da nessuno e quindi decidere da sola se voglio aiutare le persone o meno. Ho deciso di farlo perché mi rendo conto di quanto sia pessimista e non c'è nulla di paternalistico nella nostra società. Non cambierò il mondo attraverso questo libro, ma forse il modo di pensare di una o due persone là fuori. E se posso aiutare queste persone, molto prima, se posso aiutarvi esattamente, allora ho compiuto la mia missione. Perché, come dice il detto: La felicità è l'unica cosa che raddoppia quando la condividi.....

Quindi.....
Sono cresciuto in una piccola città di Düsseldorf, più precisamente a Vennhausen. La mia infanzia è stata costellata di tutto ciò di cui avevo bisogno, anche se devo dire che probabilmente non ero il prototipo di un'educazione pedagogicamente impeccabile. Sono sempre stata molto bene e sono stata felice, almeno in una certa misura.

I miei genitori si sono separati molto presto. All'epoca è stato uno shock enorme, oggi scopro che la decisione era attesa da tempo.
Ero divertente, fortemente sovrappeso e comunque super popolare. Quindi non una tipica vittima di mobbing, ma il piccolo grasso, migliore amico della porta accanto. La scuola non è stata difficile per me, ma non ho ottenuto neanche risultati eccezionali. Così media. Ero felice, pensavo di avere tutto ciò di cui avevo bisogno, ma guardavo sempre gli altri con un occhio solo e con quello che era possibile fare con loro. Il fattore di problema per noi era semplicemente il denaro. Avevamo abbastanza per mangiare e bere, avevamo un tetto sopra la testa. Allora perche' lamentarsi? Non voglio. E' stato fantastico, ero davvero felice. effettivo Ti rendi conto di quello che sta succedendo intorno a te. Puoi vedere quali cose nuove hanno i tuoi compagni di scuola, cosa sono stati in grado di fare e cosa non siamo stati in grado di fare. E' stato davvero bello, ero cosi' felice. Ma immagino che non mi sia passata del tutto senza lasciare tracce.

Ero solo molto confortevole, molto sovrappeso, anche relativamente poco esigente. Quindi è andato tutto bene. Con il passare degli anni, avrei dovuto frequentare le elementari, ma mia madre mi ha detto che dovevo provare la scuola elementare, perché ci sono anche i miei cugini e mio fratello.
E' partito da lì, e ha funzionato. Anche lì ero nella media. Con l'avanzare dell'età, anche il mio peso. Quando avevo 14 anni, ero finalmente 140 kg. E' stato davvero brutto. Ad eccezione di alcuni stupidi detti e sgradevoli lezioni di sport, che riguardavano la ginnastica o la ginnastica,

tutto era effettivamente a posto. La pigrizia e l'intera inerzia hanno poi influenzato anche il mio rendimento scolastico. Sono quasi rimasta bloccata in terza media. Dopo alcune chiamate dai miei insegnanti a casa, un processo si è lentamente insinuato nel senso che sapevo che qualcosa doveva cambiare.

Il colpo di inizio del cambiamento è stata poi una scommessa hanebüchene con il mio migliore amico di allora. Non so se dovrei essergli grato per l'idea dello scatto. Ma abbiamo fatto la seguente scommessa: Lui era molto stretto, io ero molto grasso. Così egli deve cercare di aumentare di peso il più possibile, io devo cercare di perdere più peso possibile. Detto, fatto: ho vinto la scommessa di gran lunga: 60 kg persi in 3 mesi. Ora tutti gli esperti sanitari stanno sicuramente gridando e dicendo che è un disastro fare una cosa del genere. Alla fine, sono d'accordo con loro. Era troppo grossolano, troppo veloce, troppo assurdo, troppo assurdo, ma probabilmente mi ha dato un calcio per farmi venire voglia di far passare davvero le cose. Cosi' volgare, che e' gia' entrata nell'anoressia. Dovevo andare dal dottore e farmi controllare regolarmente il mio peso. Tutti nella mia famiglia mi hanno consigliato di andare in clinica perché pensavano che non si può fare una cosa del genere da soli. Ho pensato: se riesco ad entrare in questo stato, allora ne uscirò da solo.

Era un periodo molto buio nella mia vita, ma mi ha anche insegnato molte cose buone. La salute meno buona, psicologicamente probabilmente il capitolo più istruttivo della mia vita.

Ho imparato cosa significa bruciare per qualcosa, dare tutto e poi avere successo. L'incoraggiamento delle persone intorno a me è stato incredibile. Naturalmente c'erano anche molte critiche distruttive che volevano dirmi che non potevo farlo comunque, che non dovevo farlo, che tutto non funziona e così via. Non gli ho comunque permesso di fermarmi. E poi, dopo le vacanze estive, dopo 6 settimane, avevo già i primi 30 kg in meno. Sicuramente sarà stata molta acqua che ho perso, ma ha contribuito in modo significativo al fatto che sono cambiato così tanto che i miei compagni di classe non mi hanno più riconosciuto. Anche mia zia non mi ha riconosciuto nella cucina dell'appartamento di mio padre finché non si è presentata per nome, e io ho risposto che sapevo chi era. Era una situazione folle.

Ma con tutte le cose che sono successe, positive e negative, ho imparato cosa significa avere successo. Ho imparato che ci sono persone che ti motivano ad andare avanti e ho notato che ci sono persone che non solo non solo non ti sostengono, ma vogliono anche dissuaderti da qualsiasi coraggio e successo. Inoltre, ho imparato che l'uomo è capace di molto più di quanto ci si aspetterebbe inizialmente. Soprattutto, puoi fare molte cose da solo. Un Wolfspack è sempre bello e in molte situazioni anche molto utile e disponibile. Ma quando si tratta di questo, devi essere pronto a consegnare te stesso. Affidarsi agli altri può essere una bella sensazione, ma avere il controllo di se stessi può essere ancora meglio.

Attraverso questa esperienza, indipendentemente dal fatto che sia stata percepita più positivamente o più negativamente nel complesso, sono stato in grado di portare con me molte cose per la mia vita. Quindi doveva essere quella disciplina e quella volontà. Si dice sempre così bene: il successo arriva quando la fame è maggiore della più grande scusa. Immagino che sia stato questo il caso qui. E ciò che dovrebbe funzionare lì potrebbe funzionare anche in altri settori.

Questa disciplina e questa ambizione che ho sviluppato lì, ho potuto portare con me per tutta la vita. Sono diventato più disciplinato a scuola, sono stato in grado di evitare la ripetizione dell'ottavo anno e ho iniziato a diventare davvero buono. Non ho ottenuto i buoni voti e ho dovuto lavorare sodo per loro. Ma avevo già avuto questa esperienza: se davvero lavoro sodo per qualcosa, allora il successo sembra arrivare. Era la stessa cosa a scuola. Non avevo capacità cognitive particolarmente straordinarie. Vengo da una famiglia operaia in cui studiare era una parola straniera. Non perché nessuno era riuscito a farsi strada, ma perché semplicemente non si adattava al nostro mondo, non corrispondeva al nostro orizzonte.
Poi ho completato l'Abitur molto bene. A quel punto, sapevo che stava succedendo qualcosa.

Poiché ero più disciplinato e anche più impegnato, anche le mie idee e i miei desideri per il futuro si sono adattati. Se prima volevo fare un apprendistato e mi ero visto in un lavoro quotidiano, ora stavo tracciando una visione in cui avrei studiato, guadagnato uno stipendio superiore alla media e avrei reso possibili cose completamente diverse. Non da altri, ma cose che rendo possibili per me stesso, attraverso la mia diligenza e il mio lavoro.

Dopo il diploma di scuola superiore, ho completato un anno sociale di volontariato. Prima di immergermi nel mondo del lavoro, volevo fare volontariato. Restituire qualcosa al mondo. Non so cosa. Non avevo ancora preso così tanto, ma ero grato di aver potuto godere di un'istruzione anche se non avevamo molti soldi e ho semplicemente avuto l'opportunità di decidere in qualche modo la mia vita per me stesso.

Dal punto di vista finanziario, non stavamo davvero bene. Abbiamo vissuto con le indennità di disoccupazione e avevamo bisogno dell'assegno per i figli che abbiamo ricevuto per le cose più necessarie. Abbiamo vissuto con mia madre. Ha fatto tutto per noi. E le sono grato per questo fino ad oggi. Credo che non ci sia persona che si sacrifica più di lei in questo mondo. Anche nostro padre ha contribuito. Gli sono grato anche per questo. Eravamo in pessime condizioni finanziarie. Abbiamo dovuto vendere il nostro unico gioiello ereditato, una moneta d'oro, in modo da avere i soldi per il cibo e le bevande. Sicuramente gli altri sono molto peggiori in questo mondo. E questo non deve essere paragonato qui o per suscitare pietà. Voglio solo raccontarvi la situazione così come l'ho vissuta e percepita. Questa era la mia situazione. Peggiorano, ma migliorano. In qualche modo ce l'abbiamo fatta. Nostra madre ha fatto di noi, mio fratello ed io, in qualche modo grandi con i minori mezzi a nostra disposizione, con tutto quello che aveva. Fino ad oggi mi tolgo il cappello. Che cosa signifchi questo in termini di peso, umanità e amore difficilmente si può esprimere a parole.

Così è iniziato l'anno sociale del volontariato. Lì ho una piccola paghetta ogni mese. 300 Euro al mese. Non era molto, ma piu' di niente. Ho comprato il mio cibo e ho conservato tutto quello che è successo. Ho venduto anche alcuni giochi per Playstation perché ho pensato: prima che perdano valore, preferisco avere i pochi euro. Come potete vedere, avevamo una Playstation. Non sembrava che lo stessimo facendo male. E di nuovo, siamo sopravvissuti, ma non bene. Ho comprato io stesso la Playstation. Per questo motivo sono andato al lavoro nel fine settimana, durante le vacanze, la sera dopo la scuola e in parte la mattina prima della scuola. Tutto quello che avevo, l'ho comprato e ho lavorato per me stesso. Non dalla mia paghetta. Non lo faccio da quando avevo 10 anni. Dopodiché, hanno appena lavorato. Ma c'era anche adatto. Fare questa esperienza così presto è stato importante. Perche' mi ha mostrato che devi lavorare sodo per i soldi. E mi ha mostrato che in qualche modo devi trovare modi e mezzi per andare avanti.

Ho passato attraverso la vendita, lavorando e risparmiando insieme una notevole quantità di 2700 euro. Dopo 11 mesi. Erano somme. A quel tempo avevo più soldi di quanti ne aveva mia madre a sua disposizione negli ultimi mesi!

Ora lo sapevo: voglio di più. Quella era probabilmente la prima volta che ero veramente affamato dopo aver seguito questa dieta folle (chiamiamola così). Quindi non mi sono solo guardato intorno per un corso di studio o un apprendistato, ma volevo anche fare un doppio corso di studio. Studiare e formare allo stesso tempo, guadagnare denaro e fare entrambi allo stesso tempo, dove gli altri potrebbero fare solo uno di entrambi. E' stata una buona idea, ho pensato a me stesso. Qualche cancellazione diretta, qualche intervista. E poi è arrivata l'e-mail che mi ha cambiato la vita: Adatti, la sua formazione in .... (gruppo chimico internazionale, società DAX). Ho pianto di gioia perché ce l'ho fatta. Sono riuscito a scappare. Per uscire dal cerchio in cui ero intrappolato. Rompere la gabbia che è stata costruita intorno a me. L'ho fatto: ho avuto la possibilità di fare qualcosa che molti sognavano solo pochi anni fa e non ho nemmeno osato sognare. E' stato a questo punto che ho capito che dipendeva da me. Ora devo dimostrare di che pasta sono fatto. Ora è anche il momento di fare le consegne.

Ho lavorato ancora di più, salvato ancora di più e ho affittato un appartamento con il mio migliore amico a Monheim, un sobborgo di Düsseldorf. L'appartamento era un edificio sociale, molto economico. Ma non importa. Era il mio primo appartamento. E anche l'ambiente era a posto. Monheim non è noto per i suoi bellissimi angoli, ma è stato meglio del previsto. Ho anche comprato la mia prima auto dal mio denaro guadagnato duramente e ho risparmiato. Una Renault Megane Cabriolet con motore 2L. Una macchina incredibile per te a quei tempi. Tutto pagato da solo. Dal prezzo di acquisto (2900 Euro) all'assicurazione, tasse, benzina e usura. Ho calcolato duramente come unghie, anche con lo stipendio di formazione che avrei guadagnato, e calcolato esattamente. C'era. Potrei vivere. Nessun grosso salto, ma in quel momento riuscivo a malapena a finanziare la mia vita così com'era. E' incredibile. Finché non ho avuto un incidente in un parcheggio della Rewe. Un incidente che coinvolge solo me e nessun altro. Ho strappato l'intero sottoscocca della mia auto grazie ad un bordo metallico di una tapparella nel parcheggio del supermercato. Importo del danno: 2200 Euro. Quasi una perdita economica totale. A questo punto ho dovuto constatare che i miei calcoli hanno sempre avuto successo, ma che non ero nella posizione migliore per tali eventualità. Ho dovuto pagare le riparazioni a rate. Ma poi ha funzionato. Ma erano soldi, che erano davvero importanti per me. Perché l'uso quotidiano dell'auto era molto costoso. Poi ho deciso di usare l'auto solo raramente e di andare di più in treno, e naturalmente in treno. Tempo effettivo da casa al lavoro o all'università: 1h40min ciascuno. Era davvero troppo per i miei gusti. Altri lo hanno certamente vissuto per anni. Per me, il tutto, oltre allo sforzo di apprendimento, allo sforzo di lavoro e alla famiglia, sta culminando in una tensione eccessiva. Mi sono ammalato, temo. Psicologicamente molto malato. Niente che possa essere paragonato a malattie davvero evidenti. Così malato, però, che mi ci sono voluti alcuni mesi per arrivarci. Alla moda, oggi lo chiamerebbero "burnout". Ho avuto molte piu' lamentele psicosomatiche. Ha avuto attacchi di panico per tutto il tempo, che poi ha portato al punto che ho dovuto essere trasportato fuori dall'università in ambulanza perché pensavo di morire. Cose simili succedono al lavoro, a casa, a casa, ovunque io sia stato. Non volevo più vivere perché ho sempre avuto paura di morire. Ero sempre in preda al panico per un attacco di cuore, per interrompere la respirazione, per un'appendicectomia, meningite, ecc. Non ero sicuro di avere un attacco di cuore.

Le visite al cardiologo, al gastroenterologo e al medico di famiglia erano, se possibile, all'ordine del giorno. Ho sempre pensato: "Non può essere che le malattie più rare si trovano in tutte le persone, e nessuno trova che io abbia un'infiammazione dei muscoli cardiaci. Ho visto la mia morte certa". Così ho diffidato di ogni medico, e ho preso ulteriori appuntamenti con altri medici. Volevo fare tutto questo finche' qualcuno non ha trovato qualcosa. Allora almeno ne avrei la certezza. Quello che avrei fatto con quella certezza, non posso dire neanche io. Ma contavo solo su una diagnosi seria. Ero sempre confortato, sempre in attesa, dopo tutto, nessun medico poteva confermarmi che ero malato. Almeno non in modo organico. Ma non potevano nemmeno togliermi la paura.

Cosi' ho continuato e continuato a farlo. Oggi so che una sola forma di medico avrebbe potuto aiutarmi più velocemente. Ma sarebbe stato uno psicologo. Sarebbe stato il posto migliore per me. La mia psicosomatica ha continuato a diffondersi, ha determinato la mia vita in 2 anni. E' stato un momento crudele. Non so cosa sia successo esattamente. Pensavo che non sarei guarita di nuovo. Ho fatto il mio anno sociale volontario in un reparto di psichiatria gerontologica. In futuro, se dovessi vivere più a lungo del previsto, non mi vedevo come dipendente, ma come coinquilino. Ero sicuro che sarei morto d'infarto una notte in agonia. Il tutto sembra certamente esagerato e a volte anche divertente, ma non è stato proprio così. Per me un altro capitolo molto oscuro della mia vita, accanto alla prima esperienza di anoressia. Ho lottato per uscire dall'anoressia da solo, tra l'altro. Costringendomi, anche se incredibilmente scomodo, a fare cose di cui mi sono pentito pochi secondi dopo. Ma non tutto funziona durante la notte. E' molto più importante avviare il processo e raggiungere il successo passo dopo passo. Oggi ho ancora un rapporto un po' disturbato con il cibo, ma penso in modo positivo. Dall'incidente, ho fatto a meno di cibo spazzatura, dolciumi, alcool, ecc. e sono contento del cibo che mangio. Non tutto passa da un giorno all'altro. Ma la strada è la meta. Si chiama cosi'.

Il capitolo sull'anoressia e la storia della psicosi potrebbe riempire i libri. Il fatto è, per non dire inutilmente qui che sono riuscito ad uscire da lì in qualche modo. In qualche modo avviare il processo che voglio muovere in una direzione diversa. Come ho fatto? Da due semplici cose: in primo luogo, ho scritto la mia situazione attuale e l'ho confrontata con la mia situazione target. Per iscritto, per poterlo leggere e rileggere. E secondo, ho riprogrammato il mio subconscio. E di cosa significa e come funziona, è quello di cui abbiamo parlato.

C'erano due cose che potevo imparare, oltre alle esperienze che questi due, chiamiamolo eventi, mi hanno dato: Ho avuto molto a che fare con me stesso e ho notato che devo cambiare io stesso qualcosa affinché qualcosa cambi. Niente succede da solo, tranne che il tempo passa. Non sono stato in buona salute durante la notte, nemmeno la prossima settimana, se non cambierei qualcosa da solo. Una delle esperienze più importanti che abbia mai vissuto in vita mia. Certo, questo non fa di me un eroe, ma credo di aver imparato qualcosa di importante da queste esperienze borderline. Qualcosa che forse non tutti dovevano conoscere era permesso, poteva (comunque lo si voglia dire).

Se vuoi cambiare qualcosa domani, devi essere pronto a cambiare qualcosa oggi. Sembra piu' facile che fatto. Ma guardatevi come si implementano le stesse abitudini ogni giorno invece di cambiare un po 'e vedere che effetto avrà su domani. Lasciare le abitudini è sempre molto scomodo. E' per questo che la maggior parte della gente non lo fa. Tuttavia, è l'unico modo per realizzare un cambiamento. La situazione peggiorerà ulteriormente se questo cambiamento non si manifesterà domani. Allora non sembra che non faccia comunque nulla di buono. Se il cambiamento è visibile solo in un mese, o in un anno, o in 10 anni sul vostro conto corrente bancario, allora il momento è certamente più importante per tutti che il momento in 10 anni. L'unica differenza veramente grave, tuttavia, è la seguente: La tua vita, anche se cambia solo tra 10 anni, sarà diversa da questo giorno in poi per sempre. Lo scenario peggiore, ancora meglio. Quindi vuoi vivere 10 anni come vivi ora, e poi, dopo quei 10 anni, anche altri 10 anni, e poi vivere di nuovo 10 anni così? Oppure vuoi prendere in considerazione un cambiamento forse un po' scomodo che ti può sembrare scomodo al massimo per 2 o 4 settimane, poi diventa di routine e da quel momento in poi è anche facile per te? Forse ha un impatto positivo diretto su di te e sulla tua vita? E ti permette di vivere in 10 anni e da allora in poi per il resto della tua vita una vita che non hai mai osato sognare?

Ha senso per te quello che sto scrivendo qui? Se è così, allora dovreste pensare ora, in questo stesso momento, a ciò che volete cambiare oggi, non domani, oggi, oggi, domani, la prossima settimana, il prossimo mese o il prossimo anno, il che vi renderà davvero più felici e più soddisfatti. Questa pagina qui rimane vuota in basso. Perche' e' per farti scrivere esattamente quello che cambierai qui oggi. Scrivilo in questo libro. Nemmeno io ne sono un fan, penso che sfigura il libro, ma per favore scrivetelo comunque. E vi prego di inviarmene una foto alla mia e-mail (d.toelen92@gmail.com). Voglio vedere che tu sia pronto ad affrontare la tua felicità, pronto a cambiare oggi per essere felice domani. Ne valga la pena per te stesso. Tra cinque anni, puoi scrivermi di nuovo. E grazie a me. E guarderemo di nuovo la tua foto. E vedrai: Questo è stato il punto di partenza da cui tutto è cambiato.

Un piccolo esempio della mia vita, perché ha fatto lo stesso con me. Ho cambiato vita perché dovevo partecipare ad un gioco che all'epoca mi sembrava assurdo: in un viaggio di gruppo con cui ho iniziato l'anno sociale, dovevamo scrivere tre obiettivi che volevamo raggiungere nei successivi 5 anni su un pezzo di carta, mettere questo pezzo di carta sul pavimento al centro e tornare al nostro cerchio della sedia. In seguito dovremmo raggiungere il nostro foglio di carta il più velocemente possibile dopo un segnale di partenza. Alcuni erano molto lenti, lo prendevano in giro. Altri erano moderatamente veloci. Altri ancora hanno camminato. E' stato imbarazzante. Qual era la morale di questo gioco? E' semplice. I capigruppo volevano vedere quanto siamo disposti a lottare per i nostri obiettivi. Quanto cerchiamo di attenerci agli obiettivi che abbiamo scritto e quanto siamo disposti a superare gli ostacoli (sedie e tavoli sono stati messi sulla nostra strada) per ottenere questo pezzo di carta. Mi sto dissolvendo: Io ero, per qualsiasi ragione (così ho pensato a quel tempo), uno di quelli divertenti che correvano al suo biglietto. Nemmeno io la pensavo cosi', in realta'. Di solito mi annoiero tra le persone che cercano di prendere in giro giochi come questo, perché non hanno nulla a che fare con la realtà. Storie spirituali come questa non sono mai state la mia specialità prima d'ora. Ma qualcosa mi ha costretto a farlo lo stesso. A correre. L'obiettivo del gioco, e quale motivazione ed espressività dovrebbe contenere, di cui noi giocatori non eravamo a conoscenza prima. Dovremmo semplicemente ripetere queste note. Cosi'. Cosi', cosi'. Una storia divertente, se la si guarda in questo modo.

Questo è il biglietto:

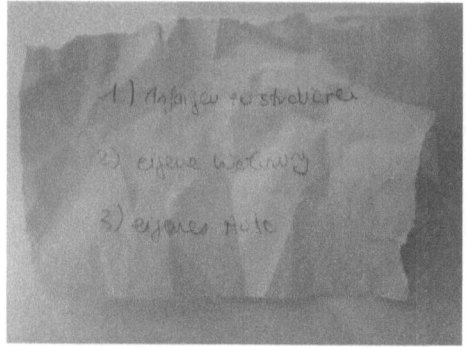

Sapete già cosa ne è stato di questi obiettivi.

Anch'io vorrei mostrarle la strada da seguire. Semplicemente perché possiate vedere da quali esperienze posso parlare e scrivere molto prima.

Finalmente ho iniziato i miei studi. E il mio addestramento. Dopo aver giocato per un po' di tempo per una nota squadra di calcio. Non abbiamo bisogno di parlare di quella volta. E' stato un capitolo folle. Non c'è niente da fare qui. Mi sono subito reso conto che la chimica e la biotecnologia non erano ciò che avevo sempre desiderato fare per tutta la vita. Di conseguenza, i primi semestri sono stati abbastanza difficili per me. Non era che il materiale era troppo alto per me, era molto più la didattica degli studi. Alcuni argomenti erano molto difficili, per altri non ho mai dovuto essere presente e l'esame era uno scherzo. I laboratori mi hanno quasi ucciso. Lì le richieste erano piuttosto elevate, anche se in realtà non ci sono state date le condizioni migliori. Uno ha, nel frattempo non so nemmeno come sono riuscito a fare esattamente tutto ciò che in quel momento, in qualche modo si è spinto attraverso se stessi. Il Bachelor of Science non era quindi un dono, ma nemmeno una stregoneria. Per me, una cosa era certa in ogni momento dei miei studi: quando inizio una cosa, la finisco. Ho passato innumerevoli notti a pensare se quello che sto facendo qui è la cosa giusta da fare. Ero sicuro che non lo fosse. Ma mi sono ripromesso di andare fino in fondo. Non e' stato cosi' facile, dopotutto. Oggi so che avrei dovuto decidere meglio per un atteggiamento invece di dubitare sempre di nuovo e perdere tempo prezioso. In caso di dubbio, avrei dovuto cambiare davvero il settore, oppure avrei dovuto chiarire a me stesso che ci sto lavorando ora, ma poi non dovrei più pensare inutilmente e semplicemente procedere con esso. Sì, finalmente ci sono andato, ma mi ha sempre portato a un punto che avrei potuto evitare e che mi avrebbe fatto risparmiare tempo e nervi. Beh, questo mi ha portato dove sono ora. E per questo motivo vorrei darvi a questo punto il seguente suggerimento:

Pensa a cosa vuoi fare e come vuoi farlo. Prenditi il tuo tempo prima di prendere una decisione che ti cambia la vita. Ma se la incontri, vai fino in fondo. Non dubitare di aver avuto un buon presentimento nel momento in cui hai iniziato. Non rimpiangere nulla se hai pensato che fosse la cosa giusta da fare in quel momento. Devi aver avuto le tue ragioni. Ed e' per questo che dovresti andare fino in fondo ora. Il dubbio non ti portera' da nessuna parte, il rimpianto di solito non lo fara'. Puoi anche fare le scelte sbagliate. Ma non ve ne pentirete se pensavate davvero che fosse buono, e l'avete già affrontato a fondo prima. Perché allora, non importa come finisce questa cosa, si può solo sperimentarla. E queste esperienze ti aiuteranno a fare scelte migliori la prossima volta.

Anche all'inizio dei miei studi, la mia azienda di formazione mi ha sempre detto che non era sufficiente avere una laurea di primo livello nell'industria chimica, poiché l'industria non è ancora pronta a fornire le corrispondenti professioni per queste lauree. Per essere qualcosa, devi fare almeno il maestro. Così mi è stato chiaro: ora devo aggiungere anche il maestro. Alla fine, il Bachelor e il Master mi sono costati cinque anni. A mio avviso, è stato un tempo ben investito, anche se sapevo di non voler rimanere nell'industria chimica. È ben pagato e ha altri vantaggi, non trascurabili per il futuro mondo professionale, ma mi è stato chiaro che questa non è la vita che voglio vivere. Timbri il vostro orario di lavoro tutti i giorni, esattamente dopo l'orario di lavoro, dopo il lavoro, le vacanze, le pause. Ho capito subito che non volevo questa vita. La vita, che apparentemente tutti vivono, e dove tutti si lamentano, almeno in Germania. Sono stato veloce a pensare che la vita dovrebbe darmi di più. Non sapevo esattamente cosa fosse, ma sapevo di più.

Se siete attualmente o in qualsiasi momento di fronte a una decisione: L'istruzione o il college..... Beh, non posso prendere questa decisione per te. Non sono uno che dice che devi studiare perché può essere un momento davvero difficile per te se non ti interessa veramente e vorresti guadagnare un po' di soldi durante la tua formazione. Una solida formazione può a volte fornire una base molto stabile per il vostro lavoro. Tuttavia, sono anche convinto che durante i tuoi studi puoi imparare molto su te stesso e su altre cose che ti porteranno più lontano. Oltre alla chimica e alla biotecnologia, ho anche imparato molto sulla struttura, l'organizzazione e la cooperazione da e nei compiti. Ho imparato un alto grado di iniziativa, il mio limite di stress è stato ulteriormente aumentato, ho preso contatti importanti. Questo periodo di studio è di solito più che non solo diventare uno specialista nel proprio campo. Impari molto di più che imparare. Di solito lo impari molto sottilmente in modo da non riconoscerlo fino a quando non hai finito.

Ho continuato a lottare per tutta la durata del corso, ho lavorato per un importante produttore di pneumatici per automobili, come tutor, ripetitore e manager di stage, e poi ho completato con successo il mio master. C'ero, Master of Science, una laurea accademicamente abbastanza rispettabile. Affamati di successo, ben istruiti, ma nessun desiderio per questa vita. Per molto tempo ho lottato con me stesso per ottenere un dottorato. Dottor Toelen. Mi è sembrato un nome molto carino. Volevo questo titolo, pensavo. Solo per dimostrare qualcosa a me e alla mia famiglia. Lo volevo davvero. Ma poi, a un certo punto, è entrata in gioco anche la ragione. Perché vuoi fare un dottorato ora che stai cercando di uscire da questa attività con tutti i mezzi?! Lo fai perché ti porta avanti, o perché vuoi dimostrare qualcosa agli altri? Alla fine, mi sono reso conto che volevo assolutamente avere il titolo per quest'ultimo motivo. E quando ne sono venuta a conoscenza, ho deciso di non farlo. Questo è stato probabilmente uno di quei punti di cui i saggi parlano sempre: siate onesti con voi stessi. La decisione è stata piuttosto difficile per me, perché in qualche modo ho avuto la sensazione di aver fallito. Soprattutto, ho pensato a quello che gli altri potrebbero pensarci adesso. Mi conoscevano come il Dominick determinato e laborioso, non come uno che all'improvviso non riesce a far passare qualcosa. Ma bisogna essere onesti anche con se stessi.

A quel tempo ero io, ed è per questo che mi è diventato chiaro che non lo voglio affatto. E certamente no, per restare dove sono stato. E anche non seguire la strada che ora si è offerta a me, che molti altri vanno. Anche come medico. Hai un solido stipendio mensile sul tuo conto (almeno alcuni medici lo fanno), ma hai ancora la ruota del criceto, che ti fa andare avanti senza sosta. Ed è proprio questo che mi ha disturbato molto presto. Questo non significa che ogni medico è intrappolato in una ruota di criceto e vi rimane inevitabilmente. Dal mio punto di vista, tuttavia, questo dottorato non mi avrebbe in qualche modo aiutato. Da qui la decisione.

Oltre ai miei studi, ho cercato di trovare altre cose per ottenere soldi in qualche modo. Ho provato l'uno o l'altro sport, uno anche un po 'più di successo, per cui ho poi anche venuto a un po' di soldi. Inoltre, ho iniziato con il daytrading, e infine, come molti altri principianti, ho perso diverse migliaia di euro completamente senza cervello e senza esperienza. L'avidità a volte era troppo grande, il cervello troppo piccolo. Un'idea piuttosto stupida, ma erano esperienze che forse erano anche importanti per essere dove sono ora. A quei tempi, poche migliaia di euro erano praticamente il mio risparmio totale, se ci si chiede da dove proveniva tutto quel denaro così all'improvviso. Attraverso la mia formazione, il lavoro come tutor e ripetitore e altri piccoli compiti, insieme al mio modestissimo stile di vita, mi ha permesso di risparmiare un po' di soldi. E questo risparmio è stato bruciato da me stesso in borsa, così che a volte è diventato molto stretto per me di nuovo finanziariamente. Le mie migliaia di euro che ho risparmiato hanno decimato a 600 euro. Con tutti gli altri costi di gestione. E 'stato sicuramente un'esperienza di nuovo, che mi ha polarizzato di nuovo. Non era nemmeno quello, a quanto pare, il Santo Graal. Così mi sono tenuto informato, ho iniziato a fare diverse cose. Affiliate marketing, ho iniziato a scrivere due libri, ho creato un sito web e volevo diventare un allenatore di fitness e nutrizione. Alcuni ci hanno provato, ma non ci sono mai riusciti. Sempre cosi' semifinito. La ruota del criceto mi ha sempre più volte preso con me. Non sono davvero arrivata al fronte. E poi ho pensato a me stesso: Ad un certo punto l'idea geniale arriverà. Poi mi sono preso qualche pomeriggio in più per pensare consapevolmente a queste idee di "accensione". Non ho mai avuto una così buona idea. Ma non mi sono arreso. Ma anche niente di cosi' importante. Non c'e' stato un vero inizio. Un circolo vizioso.

Attraverso un concorso universitario, stavo per avviare un'azienda con due amici. Volevamo produrre bioplastiche da materiale cellulare organico. Avrebbe anche funzionato finora, solo che, quando è diventato serio, le opinioni e le opinioni finalmente divergenti fino ad ora che ho tirato il cavo di apertura anche lì. Fino ad allora, tuttavia, ho avuto esperienze incredibili. Ho parlato con multimilionari, siamo stati invitati da allenatori d'affari di alto livello, abbiamo presentato la nostra idea a numerosi congressi. E' stato davvero un grande momento. E' incredibile. Molto colto, molto investito, tempo, ma in parte anche denaro. Ho passato le notti, ho cancellato le lezioni e lo sport perché pensavo di aver trovato qualcosa in cui il lavoro e lo sforzo avrebbero dato i loro frutti. Ma alla fine ci sono stati troppi ostacoli che mi hanno spaventato molto e hanno fatto tremare l'intera impalcatura. Tutto sembrava andare bene, ma anche lì si sono insinuati problemi che alla fine mi sono costati molto tempo e denaro. Ma era solo un'altra esperienza.

Ma alla fine ho imparato molto da questo. A proposito di lavorare con le persone, la fiducia, ma anche di molte altre cose come presentare, convincere, vendere, bilanciare .... Se si cerca di fondare un'azienda da un'idea, si tratta di tante cose che si possono semplicemente imparare. Si può beneficiare di tutte queste cose molto e possono davvero portarti avanti in tutta la tua vita.

Ho già detto che la mia tesi di laurea è stata quasi ritirata un mese prima della presentazione? Non per mio errore, ma per un'azione incredibilmente cattiva del mio professore. Non e' una scusa, e' un dato di fatto. E il fallimento dell'idea imprenditoriale va di pari passo con la storia del professore. Puoi davvero parlare di sabotaggio e ricatto qui. Non pensavo fosse possibile fino ad allora, ma è diventata una realtà amara. Non è stato facile come avreste potuto immaginare o desiderare.

Perché ti racconto tutto questo con così tanti dettagli? Non perché voglio adularmi, ma per dimostrarvi che nessuno in questo mondo sta funzionando senza intoppi. Nessuno. Lo giuro su Dio. E' vero che molto spesso sembra che con le persone di successo tutto funzioni sempre così bene, così perfettamente, così senza problemi. Ma quante di queste persone conosci meglio? Quanto sei sicuro che queste persone non abbiano problemi? Non credo che tu sappia di molti di loro. E' umano pensare che tu stesso sei sempre peggiore degli altri, e gli altri lo hanno sempre più facile e migliore. E' umano, ma non e' di buona qualita'. Quindi, per favore, non prendete come scusa il fatto che sia umano, ma abituatevi il più rapidamente possibile a questa qualità negativa, distruttiva e insensata. L'unica cosa che se ne esce è il dubbio di sé, il pessimismo e il tempo sprecato in cui si sarebbe potuto essere produttivi e felici.

Nemmeno io ho fatto bene. Al contrario. Molte cose sono andate storte in me. Estremamente. Da un lato la componente sanitaria, dall'altro la storia dell'università, l'inganno degli amici, il malcontento e la mancanza di sostegno. Potrebbe sembrare tutto molto drammatico. E' stato sicuramente lo stesso per me a volte. Non voglio mai fare paragoni qui. Come scritto in precedenza: A mio parere, la sofferenza non può essere paragonata alla sofferenza. Ma ero anche sicuro che avrebbe potuto essere più facile, più veloce, più veloce, più economico e migliore. Tutto, ma non e' quello che ha. Allora, cosa puoi fare? Pietà di te stesso e dipingere il mondo di nero, accettare tutto come dato da Dio e soffrire davanti a voi? Questo non cambia nulla di tutto questo. Se c'è una cosa che ho imparato nella mia vita finora, è che non succede niente di simile in una notte. Così avrei potuto aspettare di svegliarmi domani e tutti i miei problemi sono stati risolti, ero multimilionario e la persona più felice del mondo. Quante sono le probabilita' che accada? Formulazione positiva: Nemmeno a zero. Piu' negativo. Non puoi farlo. Quindi sai quanto sia stato brutto questo pensiero. Qual e' la tua situazione ora? Aspettate che accada qualcosa che vi renda più felici domani, la prossima settimana o forse l'anno prossimo? Vivi così e pensi: un giorno arriverà qualcosa? Pensi che domani sarà diverso da oggi se non sei pronto a cambiare qualcosa oggi? Ne dubito. Ne dubito. La mia storia me lo ha dimostrato in modo impressionante. Più e più volte.

Non posso certo dirti come vivere la tua vita. Ma posso dirti come ho vissuto la mia vita finora. E come potete vedere, provengo da ambienti modesti e ho sicuramente avuto esperienze pessime. Tuttavia, sono riuscito in qualche modo a diventare un successo e soprattutto felice. Allora, cosa c'era di cosi' bello in me da poter dire: Si', l'hai fatto..... Fermati! CAZZATE! Smettila di cercare di nuovo scuse. Sei responsabile della tua vita. Nessuno sta andando alla perfezione. Per molti funziona anche al contrario: funziona molto male. Ma allora qual è il fattore scatenante che ti fa avere successo? Non sono i tuoi genitori ricchi, non sono le tue felici coincidenze, è il tuo atteggiamento verso te stesso.

Se ti stai chiedendo cosa sto facendo ora e come ho fatto quello che ti sto dicendo: Attualmente vivo a Dubai e lavoro con uno dei trader di maggior successo al mondo. Sono tornato al commercio perché mi ha semplicemente mostrato incredibili vantaggi. Qualche mese fa ho colto un'occasione che mi ha cambiato la vita. Era l'occasione della mia vita di lavorare con una delle persone più importanti della mia vita. E, insieme, abbiamo trasformato questa opportunità in realtà. Al momento stiamo lavorando ad un grande progetto per aiutare molte persone. Come commerciante, come allenatore, come mentore. Il mercato azionario mi ha insegnato molto e ne ho già messo un po' in questo libro per voi. "Il commercio è come la vita reale", come direbbe il mio mentore e socio in affari Koko Petkov. E su questo ha assolutamente ragione. Per questo motivo, ora sono io stesso commerciante, allenatore e mentore. Voglio aiutarti ad andare su quella strada ora. Non necessariamente al commerciante e a Dubai. Ma alle persone felici e di successo. E' il mio desiderio di aiutarti a farlo. Perché sono andato da quella parte. Con le mie gambe. Tutti su e giu'. Perché dovevo sapere cosa funzionava e cosa non funzionava.

Questo mondo è bellissimo. Questo mondo è meraviglioso. Non arrenderti. Sono i tuoi obiettivi, è la tua vita. Non fermarti quando sei stanco. Fermati quando hai finito. Con questo in mente:

Esistono. Ci sono due momenti perfetti nella vita. Uno era ieri, l'altro è oggi!

Il tuo Dominick

Il mio messaggio personale per voi:

::Italian Subs Addicted::
[https://drive.google.com/file/d/11PANqxmPIpsXkpLzMxHgeBvHI4BXO7Ph/view?usp]

La musica di sottofondo è stata gentilmente fornita da :
www.EverMusic.de
lotta_per_l'amore/licence-free/private/evermusica
retrospettiva/libero-libero/privato/evermusica

Il mio indirizzo e-mail:

d.toelen92@gmail.com

www.ingramcontent.com/pod-product-compliance
Lightning Source LLC
Chambersburg PA
CBHW030645220526
45463CB00004B/1642